Für Franz, der Hunderte Kilometer durch den Karst gekreuzt ist,
beim Verkosten Tausende Kalorien verschluckt hat und den Einheimischen im Karst
die Freude machte, auf Slowenisch mit ihnen zu kommunizieren.

Für Brigitte, die das Meer und die Sonne liebte.

Für Ina, die mit ihren hervorragenden Italienischkenntnissen
so manches Missverständnis ausräumte.

Für Alex, der als technischer Assistent Probleme am Computer
mit Bravour und großer Geduld umschiffte.

Für Karlheinz Fessl, der mit Fotoblick und Akribie so manche
versteckte Schönheit des Karsts entdeckte.

Genießen im Karst

Wanderung mit traumhaften Ausblicken bei Muggia

Elisabeth Tschernitz-Berger

Genießen im
Karst

—

Das Beste der italienisch-
slowenischen Grenzregion

—

Mit Fotos von Karlheinz Fessl

styria verlag

Elisabeth Tschernitz-Berger (geb. 1954), war 37 Jahre lang Wirtschaftsredakteurin der „Kleinen Zeitung" und betreut nach wie vor die Kolumne „Kulinarix". Im Jahr 2000 erhielt sie den Journalisten-preis der ERSA.

ISBN: 978-3-222-13548-4

styria verlag

Wien – Graz – Klagenfurt
© 2017 by Styria Verlag in der
Verlagsgruppe Styria GmbH & Co KG
Alle Rechte vorbehalten

Bücher aus der Verlagsgruppe Styria gibt es
in jeder Buchhandlung und im Online-Shop
www.styriabooks.at

Lektorat: Nicole Richter
Covergestaltung: Florian Zwickl
Buchgestaltung: designation e.U., Klagenfurt

Druck und Bindung: Neografia
Printed in the EU
7 6 5 4 3 2 1

Inhalt

„Wir" – das ist das „Dream-Team": Hausherr Franz Mlinar und Autorin Elisabeth Tschernitz-Berger mit den geliebten Weinreben, die sich an der Akazien-Pergola hochranken.

„Hiersein ist herrlich"

Es ist ein holpriger Weg bis zur ungeteilten Sympathie für diese einzigartige Landschaft. Die Liebe zum Karst führt über Stock und Stein, vorbei an genügsamen Karstdörfern, braucht einige Flaschen guten Terrano und braust dann martialisch mit der Bora zum Meer, um in einer Doline oder einem sanften Weinberg zur Ruhe zu kommen. „Steiniger, unfruchtbarer Boden", sagt das Lexikon über den Karst, eine Landschaftsformation, mit der sich eine eigene Wissenschaft befasst. Die „Karstologie" war Betätigungsfeld zahlreicher Geologen und Geografen der k. u. k. Monarchie. Der Serbe Jovan Cvijić erarbeitete im Jahr 1893 ein Standardwerk der Karstmorphologie, das bis heute weltweit Beachtung findet.

Eine Landschaft, so kantig und nuancenreich wie ihre Sprachen und Dialekte. „Im Umkreis von etwa 50 Kilometern werden sechs verschiedene Sprachen gesprochen: Gradisch, ein altvenetischer Dialekt, Bisiakisch eine weitere venetische Variante, Friaulisch, Triestinisch, Italienisch und Slowenisch", schreibt der Schriftsteller und Germanistik-Professor aus Brazzano, Hans Kitzmüller. Im Mikrokosmos eines Dorfwirtshauses im Karst steckt man mitten im Sprachengemisch. Von einer Seite klingt der weiche Singsang des Slowenischen, während es von der anderen melodisch Italienisch perlt. Dazwischen diskutieren Triestiner lautstark in ihrem harten Idiom die Vorzüge der Karstweine. Menschen im Karst heißen Pernarčič, Zidarič, Radovič, manchmal mit und manchmal ohne Hatschek, und ihre Mienen hellen sich augenblicklich auf, wenn sie in ihrer slowenischen Muttersprache angesprochen werden. „Die Slawen. Siedler einer Erde, die niemand bewohnen konnte", wie der Dichter Scipio Slataper sie beschrieb.

Karst, Carso, Kras – schon dem Wort mangelt es an Lieblichkeit. Es ist der raue Charme einer archaischen Landschaft, der einem den Kopf verdreht. Eine Gegend, die alles Üppige, Verschnörkelte vermissen lässt.

Man muss schon bis zum östlichsten Zipfel Italiens vordringen, um jenen Karst, in dem es in dem Buch geht, zu erleben. Mein Karst beschreibt das Gebiet, das sich vom Fluss Isonzo bis nach Muggia wie ein Halbmond an die Küste vor Triest schmiegt. Ich bewege mich kulinarisch im Gebiet der ehemaligen k. u. k. Monarchie, dies- und jenseits der Grenze von Italien und Slowenien, von Gradisca d'Isonzo bis nach Sežana. Eine geografische, aber im alltäglichen Leben praktisch ausgelöschte Grenze, die in den Köpfen der Menschen zum Glück immer mehr verschwimmt.

Der Karst „brennt"
im Herbst blutrot.

Zugegeben, bei der Ankunft im Karst ist der erste Eindruck: Steine. Aber es sind beredte Steine. Sie liegen verstreut auf Feldern und machen den Bauern das Leben schwer, ziehen sich, zu Mäuerchen geschichtet und von der Bora durchgewirbelt, kreuz und quer durch die Landschaft, sind Teil zahlreicher Befestigungsanlagen aus dem umkämpften Gebiet im Ersten Weltkrieg und finden sich als schlichte Grabkreuze am österreichisch-ungarischen Soldatenfriedhof in Aurisina wieder. Ein grauenhaft umkämpftes Gebiet, wo Kavernen, Bunker, Schützengräben, Heldendenkmäler noch präsent sind – aber doch immer mehr verwittern.

Der zweite Blick sind berauschende Farben. Das mineralische Rot der „Terra Rossa", das Blutrot des Terrano, der nur hier von engagierten Winzern kultiviert wird, und das flammende Rot des Weinlaubs und der Perückensträucher, das die Landschaft im Herbst übermalt. Wen wundert's, wenn die Einheimischen bedeutungsvoll flüstern: „Il carso brucia" (Der Karst brennt).

Oder das Grün. Ein zartes Hellgrün im Frühjahr, wenn Kräuter, Blumen und allerlei Gewächs aus dem Boden drängen und ihren betörenden Duft verströmen – beschattet vom Dunkelgrün der Steineichen und Zypressen.

Und dann ist da noch dieses unwahrscheinliche Blau, das treffend mit *azzurro* oder *celeste* beschrieben wird. Ein Meeresblau, in dem sich ein fast lilafarbener Himmel spiegelt. Hier sucht man die flachen, eintönigen Sandstrände vergeblich. Es sind nur 17 Kilometer dieser imposanten Küste zwischen den Schlössern Duino und Miramare. Steil zum Meer abfallende, 80 Meter hohe dramatische Kliffe, an denen sich das Grün verzweifelt festkrallt, dazwischen intime Kiesbuchten, durchsichtiges Wasser und in der Ferne theatralische Sonnenuntergänge in Knallorange.

In das sonnendurchflutete Wasser zu springen, die weißen Segel zu setzen und das Aroma von Salz und Meer zu atmen, gehört zu den wunderbarsten Dingen der Gegend. An dieser sagenumwobenen Küste legte Jason mit den Argonauten auf der Suche nach dem begehrten Goldenen Vlies an, erzählte Virgil in der Aeneis. Im Golf von Triest wohlgemerkt, und nicht etwa in Lignano.

Karst bedeutet „Landschaft ohne Wasser". Möchte man meinen. Oh, das Wasser gibt es, es versteckt sich nur allzu gerne, um sich ein eigenes, unterdisches Reich aus gigantischen Grotten, Dolinen, Höhlen mit Tropfsteinen zu schaffen. Hie und da quillt es an die Oberfläche, wie der Karstfluss Timavo. Mit überirdischem Rauschen sprudeln die Karstquellen nach einer kurzen unterirdischen Reise von den Grotten von Škocjan bis zur Mündung im Golf von Monfalcone hervor. Ein mystischer Ort voller Geheimnisse. Nicht weit davon entfernt wachsen hochhausgroße mondäne Kreuzfahrtschiffe aus der Werft von Monfalcone.

Oberirdisch ist auch immer viel in Bewegung. Denn in dieser Gegend wütet vor allem in den Wintermonaten die Bora – der kalte Fallwind, der aus Nordosten heranstürmt und an der Steilküste abrupt ins Meer stürzt. Ein Wind, der mit seiner unbändigen Kraft „Bäume entwurzelt, Schiffe versinken lässt und Ratlosigkeit in die Seelen der Menschen bringt", wie der slowenische Karstchronist, Srečko Kosovel, schrieb. Doch es wären nicht die Karstbewohner, wenn sie dem allgegenwärtigen Wind nicht auch gute Seiten abgewinnen würden. Ohne Bora kein Pršut – zumindest nicht in dieser Qualität, sagen die Einheimischen. Sie trocknet das Fleisch und verleiht dem Schinken Würze, Ecken und Kanten.

Wer je in einer Osmiza, einer jener einfachen, beschaulichen Buschenschenken mitten auf einem Bauernhof im Karst eingekehrt ist, andächtig grob geschnittene Stücke dunkelroten Schinkens auf Zahnstocher gespießt und mit Malvasia hinuntergespült hat, weiß, was Karst wirklich heißt. Denn hier treffen die vielfältigen Geschmäcker verschiedener Kulturen und Epochen, die Meeresküche und terrestrischen Genüsse aufeinander. Hier vereint sich der Geruch wilder Fenchelblüten mit dem Duft der schwarzen Muscheln, die hier *pedoci* heißen. Es gibt wahrscheinlich keine andere Gegend, die eine so große kulinarische Vielfalt auf sich vereint. Ein geschmackvolles Konzentrat aus Tradition, Vergangenheit und Zukunft, Kultur und Liebe zum Essen und Trinken. Von Süden schwappen die Aromen von Meer und Küste in die Töpfe – venezianisch,

istrisch, dalmatinisch beeinflusst –, vom Land wehen die Geschmäcker österreichisch-ungarischer und slowenischer Küchentraditionen herein. Sie verdichten sich in der deftigen Jota, in Kalbsstelzen, Gulasch, Žlikrofi und Gnocchi di susine. Nicht von ungefähr landet der Kaffee aus der ganzen Welt in Triest. Sein Aroma wabert in den Jugendstilcafés der Hafenmetropole, während man diese wunderbare Stadt auf den Spuren 500-jähriger Habsburgergeschichte durchstreift. Die Stadt am Meer ist seit jeher faszinierender Schmelztiegel verschiedenster Ethnien. Und in manchen Kaffeehäusern, in denen sich einst eine illustre Dichterszene etabliert hat, lächelt gütig der alte Kaiser – liebevoll „Cecco Beppe" genannt – aus goldenem Rahmen. Fast vergessen, dass er Urheber eines mörderischen Krieges war.

Der Karst ist nicht nur eine Sommergegend. Er ist für alle Jahreszeiten gut. Viel früher als in nördlicheren Breitengraden wärmen die ersten Sonnenstrahlen, duftet es nach Frühling. Das ist mit Abstand die beste Zeit für Muscheln in Weißwein auf der Terrasse am Meer und einen Spaziergang über den Rilkeweg. Später, im heißen Sommer, pulsiert das Strandleben an der Küste, während oben im Karst kühler Glera oder Vitovska im beschlagenen Glas leuchten. Dann sind die Grotten ideale Orte zum Durchatmen. Im farbenprächtigen Herbst sind Wanderer, Radler, Segler, Stadtbummler, Gourmets gefordert, die ihren Vergnügungen vor atemberaubender Kulisse nachgehen können. Wer die Dramatik liebt, kommt im Winter und stellt sich beherzt

Frische Kräuter, immer verfügbar.

der borazerzausten Landschaft oder flüchtet in eines der gemütlichen Kaffeehäuser, in eine Bar, ein Buffet oder lauscht Verdis Klängen in der Oper von Triest.

Seit einigen Jahren gibt es für uns (damit meine ich meinen Franz und mich) ein kleines Domizil in dieser spannenden Gegend, mitten unter herzlichen Dorfbewohnern, unweit scheppernder Wanten an Segelmasten. Die Begeisterung für den Karst, die herrliche Küste und die spannende Stadt Triest möchte ich weitergeben. In Form von Genusstipps und zahlreichen Erlebnisadressen, die man, hat man erst einmal hineingeschnuppert, mit persönlichen Abenteuern anreichern sollte, um sich seinen eigenen Karst zu schaffen.

Terran gehört zur Karstjause.

Bald wird man merken, wie nahe das besonders Gute liegt und mit dem bedeutenden Dichter Rainer Maria Rilke übereinstimmen, der einst über die Gegend schrieb: „Hiersein ist herrlich."

Elisabeth Tschernitz-Berger

agriturismo = Ferienbauernhof, oft mit gastronomischem Angebot
azienda agricola = Bauernhof
fattoria = familiengeführter Bauernhof mit eigener Produktion
gostilna = typische slowenische Gaststätte
locanda = Gaststätte mit meist preiswerter, aber guter regionaler Küche
osmizza, osmica = typische Buschenschenke im Karst
osteria = regionstypisches Lokal mit kleinen Gerichten und großer Weinauswahl
ristorante = Lokal mit gehobener Küche
trattoria = Gaststätte mit einfachen Speisen

SPEISEKARTE

antipasto = Vorspeise
primo = erster Gang
zuppa = Suppe
secondo = zweiter Gang
dolci = Süßspeisen

Glossar

FISCH & MUSCHELN

alici = Anchovis, Sardellen
baccalà = Stockfisch
baccalà mantecato = Stockfischcreme
branzino = Wolfsbarsch
brasato = Braten
calamari = kleine Tintenfische
canestrelli = Kammmuscheln
canoce = Heuschreckenkrebse
capelunghe = Messermuscheln
capesante = Jakobsmuscheln
cozze = Miesmuscheln
dentice = Zahnbrasse
dondole = Venusmuschelart
gamberi = Garnelen
grancevola = Meeresspinne
mazzancolle = autochthone
    Garnelenart
molluschi = Sammelbegriff
    für Muscheln
molo = Wittling, Merlan
orata = Goldbrasse
pedoci = Miesmuscheln in Triest
polipetto = Mini-Oktopus
polpo = Oktopus oder Krake
rombo = Steinbutt
sardelle = Sardellen
sardine = Sardinen
sardoni = große Sardinen
scampi = Kaisergranate
seppia = Tintenfischart
sgombri = Makrelen
trota = Forelle
vongole = Venusmuscheln

FLEISCH

anatra = Ente
capretto = Zicklein
capriolo = Reh
cavallo = Pferd
cervo = Hirsch
coniglio = Kaninchen
faraona = Rebhuhn
gallo = Hahn
maiale = Schwein
manzo = Rind
oca = Gans
pollo = Huhn
porchetta = Spanferkel
vitello = Kalb
bistecca = Steak
costata = Kotelett
filetto = Filet
lardo = weißer Speck
ombolo = Schweinskarree
pancetta = Bauchspeck
rotolo = Rolle, Roulade
scaloppina = Schnitzel
stinco = Stelze
tagliata = in Scheiben geschnittenes
    Stück (Beiried, Roastbeef, aber auch
    etwa vom Thunfisch)

BELIEBTE SPEISEN

crespelle = pikant gefüllte und
    überbackene Palatschinken
frittole oder krafen = gebackene
    Krapfen
fuži = gerollte Nudeln
gibanica = slowenischer Strudel
jota = dicke Suppe mit Sauerkraut und
    Kartoffeln
kifel = gebackene Kartoffelteigkipferln
minestra = kräftige Suppe mit Gemüse
mlinci = gebackene Nudelfetzen
orzotto = wie Risotto, aber mit
    Rollgerste statt Reis
palačinke = Palatschinken
potica = Germteigstrudel mit Nüssen
    oder Mohn
presnitz = gefüllter Blätterteigstrudel
salsiccia = Bratwurst
sarde in savor = Sardinen süßsauer
    mariniert
šparuge = wilder Spargel
tartufi = Trüffeln
žlinkrofi = slowenische Teigtaschen

ZUBEREITUNGSARTEN

alla busara = mit Scampi und Tomaten
ai ferri = vom Grill
al forno = aus dem Ofen
alla griglia = vom Grill

Steile Felsen, blaues Meer und in der Ferne das magische Schloss Duino.

Genussadressen, Menschen und ihre Landschaft

Die Genüsse im Karst sind unglaublich vielfältig. Unser kulinarischer Bogen spannt sich hier vom Karstfluss Isonzo bis zur istrischen Adria, schließt die Multikultistadt Triest mit ein und macht Abstecher in den slowenischen Karst. Wir besuchten Fischrestaurants an der Küste, Osterie, Trattorie, Locande, Ferienbauernhöfe im Hinterland – immer mit authentischen, gastfreundlichen und kompetenten Wirtsfamilien. Oft stehen die Padrona oder der Padrone selbst hinterm Herd oder tragen die Speisen auf, viele kochen mit selbst produzierten Lebensmitteln, schenken den eigenen Wein aus oder besorgen die Produkte bei den Nachbarn, denen sie vertrauen können. Slow Food im besten Sinn.

So kosteten wir uns Bissen um Bissen durch den Karst, ließen uns von Einheimischen leiten und entdeckten versteckte Köstlichkeiten. Die Empfehlungen in diesem Buch umfassen Osterie, Trattorie und Ristoranti, Osmize und Gostilne – Plätze, die vielleicht schon andernorts beschrieben sind, hier aber meiner persönlichen Betrachtung unterliegen, und vor allem solche, die von Kulinarikführern bislang unentdeckt geblieben sind. Echte Geheimtipps eben. Viele sind mittlerweile zu „Lieblingslokalen" geworden. Die Auswahl war nicht einfach, wurde aber jedenfalls guten Gewissens getroffen.

Öffnungszeiten wurden von mir bewusst weggelassen, da sich diese aus Erfahrung sehr oft ändern. Es genügt ein kurzer Anruf, um Gewissheit zu haben.

Und weil hinter den Weinen, den Speisen, den Produkten immer Menschen agieren, war es mir ein Anliegen, besonders engagierte von ihnen zu porträtieren. Nur wenn man tiefer geht, kann man ihre Philosophie verstehen und lernt die Arbeit, die hinter der Schinkenkeule, dem Stück Käse oder dem Schluck Wein steckt, zu schätzen.

In diesem Sinne – *buon appetito, dober tek!*

Hier mahlen die Mühlen langsam

Hosteria Mulin Vecio
Via Gorizia 2
Gradisca d'Isonzo

Tel. +39 0481 99783
www.osteriamulin
vecchio.it

• *Traditionelle Küche*

• *Terrasse*

In der Nähe des Parco della Rotonda fällt ein altes Gebäude auf, das einmal eine Mühle war. Mittlerweile ist der Mühlbach ausgetrocknet. Seit nunmehr 40 Jahren ist es eine gemütliche Hosteria, die Luca und sein Bruder Cesare führen. Die Küche ist so einfach wie regional und richtig altösterreichisch. Ein besseres Gulasch mit Polenta muss man aber in Österreich erst finden. An der Decke hängen Kupferkessel in allen Größen, die dunklen Holzbalken und die groben Holztische tragen zum

Wohlbefinden bei. Es ist eine wahre Freude, zu sehen, wie der Chef des Hauses mit einem scharfen Messer bedächtig dicke Scheiben von der Keule des Schinkens schneidet und frischen Kren darüberraspelt. Auch die weiche Salami wird mit dem Messer geschnitten. Dazu gibt es eine große Auswahl an eingelegtem Gemüse. Die Anzahl an warmen Gerichten ist eher gering, dafür aber typisch für die Region: Minestra con orzo (Rollgerste), Pasta e fagioli, die sättigende Bohnensuppe, oder die Jota mit Sauerkraut und Bohnen. Üppig, aber gut ist die Salsiccia vom Grill mit Kraut oder Cotechino con la brovada (Kochwurst mit sauren Rüben). Im Sommer überrascht Luca mit einer Piersolada (Pfirsiche in Weißwein). Nachher sollte man sich eine angenehme Grappa aus Villanova gönnen.

Das charmante Städtchen Gradisca am Fluss Isonzo lässt noch überall Spuren der reichen k. u. k. Vergangenheit erkennen und wurde von einer Jury zu einem der 217 schönsten Dörfer Italiens erkoren. ∎

Der Padrone schneidet den Schinken höchstselbst von Hand.

Markuslöwe lässt grüßen

**Antica Trattoria
Alle Viole**
Via Gorizia 44
Gradisca d'Isonzo

Tel. +39 0481 93338
www.alleviole.com

• *Fisch und Fleisch*
• *Terrasse*

Die Brüder Marco und Livio Felluga kennt man – vor allem, wenn es um Wein geht. Aber auch gastronomisch haben die beiden etwas drauf, denn sie leisten sich eine Trattoria bzw. haben sie sich engagierte Pächter dafür gesucht. Livio gehört die Trattoria „Terra e Vini" in Brazzano in der Nähe von Cormòns und Marco Felluga die „Antica Trattoria Alle Viole" in Gradisca d'Isonzo. Seit Kurzem ist dort Giorgio Dal Forno der Chef, dessen Restaurant „Ai Tre Canai" in Marano Lagunare Fischliebhabern bereits bekannt ist.

Von außen nicht unbedingt einladend, entpuppt sich die Trattoria innen als gemütliche Bleibe mit einem großen Fogolar in der Mitte und neuerdings dem Markuslöwen an der Wand.

Die Weinauswahl ist groß und nicht nur von Hausherrn Marco Felluga bestückt. Seit Dal Forno das Sagen hat, hat sich auch die Speisekarte gewandelt. Fisch und Fleisch sind jetzt gleichberechtigt in der Küche. Vor allem legt man Wert darauf, die umliegenden Produzenten mit einzubeziehen, was man auch mit Stolz erzählt.

Ein Filet vom Rombo aus dem Rohr mit Kartoffeln, gegrillte „blaue Fische" (Sardinen, Sgombri und Sardellen) oder Calamari mit einer Sauce aus Peperoncini kann man sich gut und gerne schmecken lassen. Es gibt aber auch Carnaroli-Risotto mit Safran und Pilzen, eine exquisite Käseselektion der Azienda Zoff oder eine gut gegrillte Tagliata vom Rind. ■

An der Wand neuerdings der Markuslöwe.

Auf der Brücke zum Genuss

Al Ponte
Viale Trieste 122
Gradisca d'Isonzo

Tel. +39 0481 961116
oder 99213

- *Fisch und Fleisch*
- *Terrasse*
- *Zimmer*

Wie könnte es anders sein bei diesem Namen: Das Restaurant Al Ponte liegt direkt am Isonzo. Ein entspanntes Refugium, das auch als Hotel sehr komod ist. Ein richtiger Familienbetrieb halt. Und das merkt man in Küche, Keller und Zimmern, wo alle Familienmitglieder ihre Aufgabe erfüllen und dezent familiären Charme versprühen.

Was hier aufgetischt wird, ist schon gehobene Küche – einen Tick einfallsreicher und überraschender als anderswo. Zum Beispiel Heuschreckenkrebse auf einer rahmigen Polenta. Der Görzer Radicchio wird mit eigenem Balsamico-Essig aus dem Holzfass mariniert und die Geschmäcker sind stilsicher kombiniert. Süß und bitter zum Beispiel. Die Pasta ist natürlich hausgemacht. „Alla Bottarga" ist sie besonders

köstlich. Bottarga ist getrockneter Rogen, diesmal aus Branzino, der über die Tagliatelle mit Scampi gestreut wird. Zu versuchen sind auch die zarte Tagliata, die Entenbrust und die hausgemachten Gnocchi mit Ricotta aus Büffelmilch. Das Hühnchen schmurgelt in einer sämigen Weinsauce und die Rinderwangen werden mit Gulaschsauce serviert.

Auch bei den Nachspeisen ist man im Al Ponte um eine Spur kreativer. So wird die Crème brulée mit Salbei parfumiert. Der Weinkeller ist mit allem bestückt, was Weinliebhaber begeistert – vor allem aus der Region. ◼

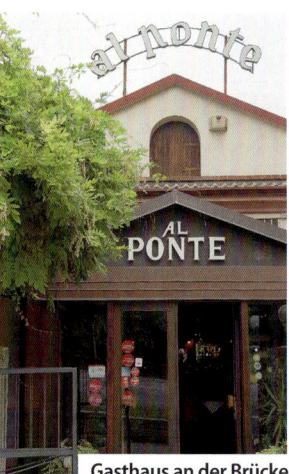

Gasthaus an der Brücke

Ein Borgo zum Wohlfühlen

Borgo Colmello

Farra d'Isonzo
Strada della Grotta 8

Tel. +39 0481 889013
www.borgocolmello.it

- *Regionale Küche,*
  auch Fisch
- *Terrasse*
- *Zimmer*

Ein Borgo ist eine Ansammlung von landwirtschaftlichen Gebäuden. Und genau so ist es im Borgo Colmello in Farra d'Isonzo. Bauernmuseum, Agriturismo, Enoteca und Restaurant – das alles ist das Borgo Colmello. Friulanische Gemütlichkeit strahlen sowohl die Holzterrasse mit den weißen Schirmen als auch die große Feuerstelle (Fogolar) aus. Die Speisenfolge richtet sich nach den Jahreszeiten und den Produzenten der Umgebung. Nahe dem Meer, nahe den Weinproduzenten und direkt am Land. Das bedeutet Spargel im Frühjahr, Kürbis im Herbst, das ganze Jahr über Fisch und Fleisch und guten Wein.

Tagliata oder Bistecca sind wärmstens zu empfehlen, bekommen sie ihr Aroma einerseits von Kräutern aus dem Garten, andererseits vom Feuer des Fogolars, der die Gaststube mit seinem verführerischen Duft schwängert. Als Vorspeise sollte man den aus San Daniele stammenden und mit dem Messer geschnittenen Schinken und das Carpaccio di manzo mit Wildkräutern nicht versäumen. Je nach Saison füllt man Blätterteig oder Crespelle (Palatschinken) mit Spargel, Wildkräutern oder Spinat. Ein Gedicht sind die Zucchiniblüten, solo gebacken oder mit Ricotta und Kräutern gefüllt, und die Kalbsbacken mit Schalotten und Sternanis oder die butterweiche Schweinsstelze aus dem Rohr. Die angeschlossene Enoteca ist reich mit Weinen der Region, aber auch aus der Toskana und dem Piemont bestückt. ■

Hier lässt sich ein gemütlicher Tag verbringen.

Drei Männer und viel Fisch

Trattoria Mariuta
Via Duca d'Aosta 16
Ronchi dei Legionari

Tel. +39 0481 777689
www.mariuta.it

• *Fischküche*

Auf dem schmalen Gehsteig vor der Fisch-trattoria stehen nur ein paar Tische, die zu Mittag meistens besetzt sind. Der Gastraum ist etwas finster, was Italiener in der Sommerhitze ja bevorzugen.

Sei es, wie es sei, Tiziano, Mauro und Davide haben das Lokal zu einem der besten von Ronchi emporgekocht, und das mit einfacher, aber sehr geschmackvoller Fischküche.

Bevor man sich über Canestrelli, Capelunghe und Capesante vom Grill hermacht, sollte man an der Bar einen Aperitif nehmen – aber nicht zu viel von den angebotenen Happen kosten, auch wenn sie noch so gut sind, denn es kommt noch Besseres. Vor der langen Theke trifft sich „tutta la città" zum Plausch beziehungsweise auf ein Gläschen Friulano oder Frizzante.

Was früher ein Restlessen für arme Fischer war, ist heute eine Delikatesse: die üppige Fischsuppe, der Davide mit den richtigen Gewürzen Drive verleiht. Ein Klassiker ist das Risotto Marinara, in dessen cremiger Konsistenz sich viele kleine Meerestiere tummeln.

Wenn es nach den köstlichen Primi noch ein Secondo sein soll, lässt man sich von den freundlichen jungen Herren einfach den „Fang des Tages" erklären. Das kann ein Branzino oder eine Orata sein, manchmal auch ein Rombo für zwei. Man kann sicher sein, dass sie auf den Punkt gebraten, und von kleinen Kartoffeln und Minitomaten begleitet, aus dem Rohr kommen. Immer ist eine kleine Auswahl an Desserts vorrätig. ■

Die Tische vor der Trattoria Mariuta sind fast immer besetzt.

Elisabetta Bortolotto Sarcinelli

Sie adelt den Wein

Tenuta di Blasig
Via Roma 63
Ronchi dei Legionari

Tel. +39 0481 475480
www.tenutadiblasig.it

- *Fisch und Fleisch*
- *Großer Gastgarten*
- *Weinverkauf*

Elisabetta Bortolotto Sarcinelli strahlt natürliche Eleganz aus. Ob sie in ihrer Tenuta di Blasig in Ronchi dei Legionari ihr Auto bis obenhin mit Kartons belädt, um den Wein in Österreich zu verkaufen, ob sie mit Tennisschuhen und Jeans Führungen durch den eben erst restaurierten Weinkeller macht oder mit schwarzen Strümpfen und hochhackigen Schuhen für ein Foto posiert, sie macht immer *bella figura*. Auch ihre Sprache – lupenreines Wiener Deutsch – hat etwas Aristokratisches. Daneben parliert sie auf Italienisch und Englisch. „Mit meiner Mutter Helga habe ich immer dann Deutsch gesprochen, wenn ich meinen Vater, der nur Italienisch und Französisch konnte, ärgern wollte."

Bevor Elisabetta das Weingut von ihrem Vater Luciano übernommen hatte, studierte sie in New York, München und Wien. Ihre ursprüngliche Profession war nicht der Weinbau, sondern das Modebusiness.

1989 wurde es dann doch der Wein. Immerhin galt es, eines der ältesten Weingüter Friauls, das seit acht Generationen in Familienbesitz ist, weiterzuführen und weiterzuentwickeln. Gründer war im Jahr 1788 Nonno Domenico Blasig, sein Malvasia war auf den Tafeln Venedigs genauso begehrt wie am Wiener Kaiserhof.

„Learning by doing" blieb Elisabettas Devise. „Ich bin absolut freiwillig eingestiegen und je mehr man sich mit dem Wein befasst, desto mehr macht es Spaß", erzählt die fünffache Mutter von vier Mädchen und einem Buben zwischen 18 und 24 Jahren. Mit großem Weinwissen beratend zur Seite steht ihr der bekannte Önologe Emilio del Medico.

Trauben aus den rund 18 Hektar großen Weinbergen aus der Weinbauzone „Zona DOC Isonzo" werden zu Chardonnay, Friulano, Malvasia, Pinot Grigio, Verduzzo, Cabernet, Merlot und Refosco dal Peduncolo Rosso verarbeitet. Ein Aushängeschild ist der „Elisabetta Brut", nach der Charmat-Methode (in Drucktanks) hergestellt und von ihr signiert. „Elisabetta Brut besteht zu 70 Prozent aus Malvasia und zu 30 Prozent aus Pinot Bianco. Das ist einzigartig", erklärt sie ihr Lieblingsprodukt.

Das Herzstück des idyllischen Weinguts in Ronchi ist die Villa im österreichisch-venezianischen Stil inmitten einer Parkanlage, mit sorgsam restaurierten Nebengebäuden, Weinkeller und Restaurant. Im angeschlossenen Shop findet man alles, vom exklusiven Olivenöl bis zu Honig und Marmelade von umliegenden Produzenten. In der historischen Villa ist auch das Museum Gabriele d'Annunzios beheimatet, der von Ronchi aus mit seinen Legionären zum legendären „Unternehmen Fiume" aufgebrochen war.

Im Gastgarten und Restaurant kann man sowohl schmackhafte Kleinigkeiten als auch raffinierte Degustationsmenüs genießen. „Darf ich euch nette Freunde dazusetzen?" Wenn Elisabetta Bortolotto Sarcinelli wie jeden Freitag im Sommer in ihrer Tenuta Platzmangel hat, weil eine Liveband für Höllenstimmung sorgt, trifft man meist auf interessante Menschen. Es kann schon vorkommen, dass man dann Seite an Seite mit der ehemaligen Justizministerin Südafrikas an einem Biohendl knabbert oder mit einem Bankchef italienische Lieder singt. „Es ist mir ein Anliegen, die Tenuta zum Treffpunkt unterschiedlichster Menschen zu machen", sagt sie. Künstler, Journalisten, Ärzte, einfache Arbeiter und viele junge Menschen zählen zu den Gästen. „Kultur, Essen und Wein sind drei Dinge, die untrennbar miteinander verbunden sind," sagt Elisabetta, die Verantwortung für 20 Mitarbeiter trägt – und alle lieben sie wie eine (höchst attraktive) Mutter. ∎

Elisabetta Bortolotto Sarcinelli mit Haushund in ihrem Salon im Landhaus der Tenuta di Blasig in Ronchi dei Legionari.

Kräuter am Küchenfenster

Locanda Ai Campi di Marcello
Via Napoli 7
Monfalcone

Tel. +39 0481 481937
www.aicampidi
marcello.it

• *Fisch und Meeresfrüchte*
• *Großer Gastgarten*
• *Zimmer*

Man durchschreite die Gartentür neben dem gleichnamigen Hotel, das gern von Monteuren der Schiffswerft Fincantieri frequentiert wird – dahinter tut sich eine andere Welt auf. Vor dem Küchenfenster, das einen Blick auf das geschäftige Treiben in der Küche und auf Küchenchef Denis Pedranzini ermöglicht, stehen in Blumentöpfen, nett aufgereiht und immer schön begossen, Töpfe mit Küchenkräutern. Denis höchstselbst pflückt sie je nach Bedarf für seine köstlichen Fischgerichte. Unter den ausladenden Bäumen im Garten stehen im Sommer die Tische, im Winter schmaust man im großen Saal, der durch einen angenehmen Rotton und vielen Bildern an den Wänden gemütlich wirkt.

Das Service ist aufmerksam, wenngleich die Chefin einen spröden Charme versprüht. Wenn es gelingt, ihr ein Lächeln abzuringen, hat man schon gewonnen.

Aber das Wichtigste ist doch, dass man im Campi fein Fisch essen kann. Ob es Muscheln im Weinsud, gratinierte Capelunge, Capesante, Canoce sind, die Pasta mit Meeresfrüchten oder der in der Folie gegarte Fisch mit Gemüse – hier schmeckt man die Liebe zur heimischen Fischküche. Etwas ganz Besonderes sind die Fischmenüs, die Denis nach Lust und Laune komponiert. Bis zu zehn kleine, kreative Gänge – gebackene Sardinchen, Thunfischtatar, Muscheln mit Wasabi, gegrillte Capesante und einiges mehr tragen die Damen herbei.

Den Magen entspannt zum Glück ein Zitronensorbet. Solcherart passt noch etwas Süßes hinein, zum Beispiel eine Crema catalana oder Millefoglie mit Vanillecreme. ■

Gemütliches Ambiente im Campi di Marcello

Goldener Fisch

Antica Trattoria
Alle Ristorante Al
Pesce d'Oro
Via dei Bagni Nuova 19
Monfalcone

Tel. +39 0481 830206

- *Fisch und*
  Meeresfrüchte
- *Terrasse*

Geduld, Geduld! Um zum „Goldenen Fisch" zu gelangen, muss man die lange Straße Richtung Porto Nuovo, dem neuen Hafen von Monfalcone, schnurgerade hinunterfahren. Keine schöne Gegend und auch der Golf von Panzano gehört nicht gerade zu den Perlen der Oberen Adria. Man kann hier auch kein elegantes Restaurant erwarten, aber so nah am Meer eine durchaus ordentliche Fischküche. Die Bewertungen in den einzelnen Kulinarik-Foren sind manchmal sogar enthusiastisch.

Fisch dominiert beim „goldenen Fisch".

Von dem eher ärmlich aussehenden Lokal mitten in einem Garten sollte man sich also nicht abschrecken lassen. Alles wirkt sehr familiär. Neben dem Gastraum ist gleich das Wohnzimmer der Wirtsleute – sehr praktisch, wenn das Kind beruhigt werden will.

Wirt Bruno Tellini hat ein goldenes Händchen für den Fisch. Oh ja, die rohen und gratinierten Fischvorspeisen sind wirklich köstlich. Auch die Spaghetti mit allerlei großzügig bemessenen Meeresfrüchten. Wir probierten einen Rombo, der gut und gerne für vier Personen reichte. In der Pfanne im Olivenöl mitgegart waren kleine Kartoffeln und Mini-Tomaten.

Die Desserts sind hausgemacht. Das Zitronensorbet findet man aus gutem Grund in jedem Fischlokal, weil es nach einem feudalen Fischmenü „magenentknüpfend" wirkt (*groppo* ist der Knoten, daher heißt es auch Sgroppino). ◾

Ausgetretene Pfade verlassen

Osteria La Carrozza
Via Arena 7
Monfalcone

Tel. +39 040 411185

• *Fischküche*

Oft sind die nettesten Lokale ganz versteckt in kleinen Gässchen, doch meist wird die Suche mit einem originellen Lokal belohnt. Mit der Osteria La Carrozza verhält es sich genau so. Man muss sich schon durch die Seitenstraßen von Monfalcone treiben lassen, um das kleine Lokal, das von außen nicht gerade anziehend wirkt, zu finden. Dafür lohnt es sich allemal, die ausgetretenen Trampelpfade zu verlassen.

Im La Carozza serviert man feine Meeresfrüchte.

Die Köchin mit ihrem weiß gesträhnten Haar ist molto simpatica und eine Virtuosin in der Küche. Auch sie weicht gerne von der Allerweltsküche ab.

Als Vorlage für Experimentierfreudigkeit dienen ihr traditionelle Rezepte, doch was sie daraus macht, ist großartig. Zum Beispiel ist sie die einzige Köchin weit und breit, die die Cozze mit Gorgonzolasauce zubereitet, ein durchaus interessantes Geschmackserlebnis. Eine zeitgeistige Kreation „alla Carrozza" ist der Thunfisch-Hamburger und manchmal gibt es sogar eine frische Languste, ganz einfach gut gegrillt. Sonst ist die Speisekarte konsequent adriatisch. Es gibt Calamari und Oktopus vom Grill, Scampi busara, Risotto marinara, Orecchiette mit Scampi und Gamberi – und den Fang des Tages, nach Wunsch zubereitet. ■

Mit Glück zum frischen Fisch

Osteria Alla Fortuna

Via Garibaldi 19
Monfalcone

Tel. +39 0481 412693
www.fortuna.it

- *Fisch und Meeresfrüchte*
- *Terrasse*

Wenn man in dieser Osteria einkehrt, ist die Wahrscheinlichkeit hoch, einen glücklichen Abend zu erleben. Die Atmosphäre ist heimelig, wahrscheinlich durch die gedeckten Farben und die Steinmauer. Im Sommer spendet ein großer Gastgarten Kühle im Angesicht der städtischen Hitze. Hier wird man nur auf Einheimische treffen, die meist am besten wissen, wo man gut und preiswert Fisch isst.

Der Koch geht in einer winzigen Küche zu Werke und zaubert gelungene Fischgerichte auf den Teller. Zum Beispiel die Spaghetti mit einem Sugo aus Meeresfrüchten oder die gratinierten Jakobsmuscheln. Wunderbar sind auch die roh marinierten Meeresfrüchte, die nur mit Olivenöl, Zitrone und viel Petersilie zubereitet sind.

Die Einheimischen kommen auch wegen des Fritto misto, das je nach Saison variiert und in frischem Olivenöl ausgebacken wird – wie es in allen guten Lokalen in der Gegend der Fall ist.

Einheimische lieben die Osteria.

Wunderbar sind auch die Riesenscampi vom Grill – Meer pur! Der Wirt hat auch immer einen Fisch parat, den er auf einem Teller präsentiert und dann nach Wunsch zubereitet. Gegrillt, im Rohr oder in der Salzkruste.

Hausgemacht sind die Dolci, zum Beispiel Mille-foglie (Blätterteigblätter) mit Vanillecreme und Kirschsauce. ■

Das Wild springt in die Pfanne

Gostilna Branco Perič
Via Prešeren 10
Doberdò del Lago/
Doberdob
Ortsteil Marcottini

Tel. +39 0481 78117

• *Karstküche*

• *Terrasse*

Eine romantische Lage sollte man nicht erwarten. Das Gasthaus von Branco Perič liegt neben der Straße, die von San Giovanni al Timavo über den Karst nach Gorizia führt. Ganz in der Nähe des Lago di Doberdò, jenes merkwürdigen Karstsees, der mit seinen Betrachtern Verstecken spielt. Einmal ist er da, dann wieder weg. Das Schauspiel sieht man je nach Jahreszeit.

Doch zurück zu Branco Perič und seiner Gostilna. Im Inneren befindet sich ein Kachelofen, der im Winter schön wärmt, und vor dem Haus eine überdachte Terrasse, wo in der warmen Jahreszeit das Essen serviert wird. Ein unaufgeregtes, sehr traditionelles Essen, das einem so willkommen ist. Hier findet man noch die dick mit Bohnen und Sauerkraut zubereitete Jota, Gnocchi di susine mit viel brauner Butter, wunderbare Kartoffelrouladen mit Spinat und geräuchertem Ricotta oder Kürbiscrespelle mit Mandeln. Wenn der Herbst den Karst blutrot färbt, gibt es auch bei Branco rotes Fleisch. Nämlich von Hirsch, Reh und Wildschwein. Im Ofen brutzelt meist eine Schweinshaxe vor sich hin und wer unbedingt nach Fischigem verlangt, dem sei ein Baccalà (auch *stoccafisso*/Stockfisch) empfohlen. Dann sollte sich noch Süßes ausgehen, denn die Dolci sind allerfeinst. Apfel- oder Kirschstrudel, Karstcreme, Gibanica – alles schmeckt wunderbar und hausgemacht. Die Weine liefern die Produzenten der Region. ∎

Die Gostilna garantiert für gediegene Karstküche.

Ein Meister des Grills

Drejče

Azienda Agricola
Via Primo Maggio 30
Jamiano/Jamlje

Tel. +39 348 8876510

- *Karstküche*
- *Terrasse*
- *Zimmer*

Wer die Straße durch den Karst von San Giovanni al Timavo Richtung Gorizia nimmt, braucht nicht lange hungrig zu bleiben. Kleine Trattorie, Restaurants, Pizzerie, Osmize säumen die Straße. Darunter ganz unscheinbar Drejče, eine Azienda Agricola, also ein Bauernhof, auf dem man isst wie in einem guten Restaurant. Wie in einem Agriturismo üblich, ist die Auswahl der Speisen beschränkt. Es gibt vor allem Fleisch vom Grill, aber das von guter Qualität. Bauer und Wirt Andrej Ferfolja produziert einen mürben Karstschinken, eine Pancetta (Bauchspeck), die auf der Zunge zergeht, Lardo mit Kräuterkruste und zwei verschiedene Käsesorten als Vorspeise.

Schon bei der Ankunft auf dem Parkplatz schleicht sich der verführerische Duft von Holzkohlengrill in die Nase. Ferfolja versteht sein Geschäft. Die Tagliata – auf den Punkt gegrillte Entrecote-Stücke – und die Grillplatte mit Würsten und Koteletts würden eine kleine Familie satt machen. Dazu gibt es zarte, gedünstete Zucchini und frischen Salat. Auf Letzteren kommen das Olivenöl von Kocjančič aus San Dorligo della Valle und der Essig von Sirk della Subida aus Cormòns. Ganz ausgezeichnet sind die

Charmante junge Damen hinter der Theke

selbst gemachte Wurst (*salsiccia*), die Čevapčiči und die Fleischspießchen.

Dass sich Familie Ferfolja nicht nur auf Fleisch versteht, beweisen die Dolci. Zwischen knusprigen Blätterteigblättern wabert eine flaumige Masse aus Eiern, Zucker und Vanille (Karstcreme oder *crema carsica*). Der Strudel ist großzügig mit Äpfeln gefüllt.

Nach dem aromatischen Caffè aus Gorizia kommt angesichts der erstaunlich niedrigen Rechnung noch einmal Freude auf. ■

Ivan Pahor

Am Abend ist er Koch

Trattoria Pahor
Via 1° Maggio 14
Jamiano/Jamlje

Tel. +39 0481 410121
www.hotelpahor.com

- *Fisch und Fleisch*
- *Terrasse*
- *Zimmer*

„Mit v come Villach", buchstabiert er uns seinen Vornamen. Der pfiffige Unternehmer Ivan Pahor – mit dem amtierenden slowenischen Staatspräsidenten Boris Pahor sei er weitschichtig verwandt – betreibt untertags eine Import-Export-Firma für Spezialdichtungen für die Autoindustrie in Monfalcone. Am späten Nachmittag tauscht er seinen Schreibtisch gegen den Herd im Restaurant seines neuen Hotels Pahor in Jamiano. In beiden Professionen kann Pahor sichtbare Erfolge aufweisen. Seinen schnittigen Mercedes hat er sich als Geschäftsmann verdient, aber seine Leidenschaft steckt in den gebackenen Sardinen, den zarten Lammkoteletts, den Schinkenkeulen und im Wein.

Das kleine Hotel in Jamiano mit zwölf Zimmern, Sauna und Restaurant hat Familie Pahor erst vor drei Jahren ganz im Karststil gebaut – viel Stein, Läden aus dunklem Holz, Fensterumrahmungen aus Karststein und viel Grün um den Brunnen im Garten.

Wenige Meter von seinem Hotel entfernt steht das Privathaus der Pahors auf einer Anhöhe. Dort hat Vater Mario mit der Familie die älteste Osmiza der Gegend betrieben, samt Schweinezucht für Schinken und Salami und eigenem Weingut für Refosco und Malvasia. „Die Konkurrenz bei den Osmize ist einfach zu groß geworden", sagt Ivan, daher war nach fünfunddreißig Jahren Schluss. Geblieben sind die Schinkenproduktion und natürlich der Wein. „Wir haben uns mit dem Hotel eine Stufe erweitert", sagt Ivan. Das Hotel sei eine Zukunftsinvestition und Beschäftigungsmöglichkeit für die Familie in der mit Arbeitsplätzen nicht gerade verwöhnten Gegend. Ob die Kinder Gabriele und Eleonora zu Hause bleiben wollen, steht noch in den Sternen. Erst einmal möchten sie weg aus Jamiano, um zu studieren.

An Vater Mario scheinen die 87 Jahre spurlos vorübergegangen zu sein. Ist es die salzige Luft des nur drei Kilometer entfernten Meeres, die ihn konserviert hat, oder die harte Arbeit? Er ist noch immer an der Produktion der rund 200 Schinken im Jahr beteiligt und auch die Weinproduktion gibt er nicht ganz aus der Hand. Stolz führt er uns in

Ivan (rechts) hat von Vater Mario die Kunst des Schinkenschneidens gelernt.

seinen Weinkeller, eine natürliche Karsthöhle, die die Temperatur von 15 Grad permanent hält. Aus Stahltanks rinnen Refosco und Malvasia in die Gläser – einfache, ehrliche Weine, die mit der Karstjause eine köstliche Verbindung eingehen. Mario wacht darüber, dass die Gläser ordentlich gefüllt werden.

Fast liebevoll streicht er über die mit Pfeffer, Salz und Wein eingeriebenen Schinkenteile, die im einstigen Gastraum der Osmiza hängen. Bis zum Jahr 1915 war hier die Schule untergebracht. Ivan kramt einige alte Tintenfässer hervor, die er hütet wie einen Schatz. Ebenso eine Bierflasche aus dickem braunen Glas von der Brauerei Volpich. Das Bier ließen sich die österreichischen Offiziere im Ersten Weltkrieg an die Front liefern. Ein bescheidener Luxus. „Die Flasche würde ich um 1000 Euro nicht verkaufen", sagt er und wiegt sie in der Hand wie ein rohes Ei.

Sehr wohl aber verkauft er die selbst produzierten Schinken. „Niemand bei uns würde die Schinken selbst essen. Mit dem Erlös aus dem Verkauf können wir schon wieder ein Schwein kaufen", so Pahor. Nach 20 Monaten ist der Schinken bereit zum Essen. 15 Euro pro Kilo sind dafür zu erlösen. Im Weinkeller des Restaurants schneidet er mit einem scharfen Messer bedächtig appetitliche Scheiben von der Keule.

Die Schweine kauft er in Parma, zu Hause werden sie mit Mais und Rollgerste gefüttert, bis sie etwa 150 Kilo auf die Waage bringen und ordentlich Fett angesetzt haben. Marmorierung, Fettrand, Salz und die Bora im Winter, die den Schinken trocknet, seien die essenziellen Dinge. Dann ist das Fleisch dunkelrot, pikant und leicht süßlich – einfach *ottimo* oder, richtiger noch, *dobro,* wie die Familie zum Šunka sagt. Denn gesprochen wird hier, wie im Karst üblich, nur Slowenisch. ■

Hüter der Karsttradition

Lokanda Devetak
Savogna d'Isonzo
Via Brezici 22
San Michele del Carso

Tel. +39 0481 882488

- *Karstküche*
- *Terrasse*
- *Zimmer*

Die Zufahrt über enge, gewundene Straßen lässt nicht vermuten, dass man in San Michele eines der besten Lokale des Karsts findet. Augustin und Gabriella bezeichnen sich selbst als „Hüter der Karsttradition", die sie mit innovativen Elementen verbinden. „Arbeit und Geschäft sind ein Ganzes und zu diesem Ganzen gehört auch das Territorium", sind die Devetaks überzeugt. Die Philosophie hat schon viele Jahre überdauert, immerhin existiert die Locanda seit 1870.

Die verfeinerte Karstküche experimentiert mit den wertvollen Lebensmitteln. So gibt es je nach Saison Spargel- oder Kürbisflan, Truthahnsalami mit eigenem Honig, frisch gebratene Steinpilze (wahrscheinlich aus Kärnten), wunderbare Eintöpfe, Risotti, Orzotti, Mlinci.

Gabriella stammt aus Brescia und hat erst im Karst die Geheimnisse der slowenisch-österreichisch-italienischen Küche kennengelernt, aber mittlerweile verinnerlicht. Augustin, genannt Ustili, bereut die Gäste und berät in Sachen Kulinarik und Wein, der hier in Strömen fließt. Der Weinkeller ist ein Prunkstück, in dem Ustili fast 20 000 Flaschen lagert.

Slow Food ist hier angesagt. Langsam gart auch der Braten bei Niedrigtemperatur. Nach Stunden fällt das Fleisch dann buchstäblich von der Gabel.

Legendär sind die Süßspeisen wie Gibanica, Štruklji oder das Himbeersorbet mit Kiwisauce.

Wer sich vom Devetak auch zu Hause nicht trennen kann, der nehme etwas von den selbst gemachten Marmeladen, Säften, Likören oder Honig mit. ◼

Eine echt karstige Locanda

Eine ehrliche Küche

Ušaj

Agriturismo
Duino Aurisina/
Devin Nabrežina

Tel. +39 339 4193779

• *Karstküche*
• *Tische im Innenhof*
• *Zimmer*

Die Betreiber von Ferienbauernhöfen (Agriturismi) müssen sich vor allem um die Produktion in der Landwirtschaft kümmern. Viele haben Wein- und Gemüsegärten, Kühe und Schweine zu betreuen. Daher wird dort meist an Wochenenden oder nur im Sommer für Gäste gekocht. Da sich auch die Öffnungszeiten ständig ändern, ist es angeraten, im Internet nachzusehen oder einfach anzurufen.

Der Familienbetrieb Ušaj mit Martin und seiner Schwester Tamara ist so ein Agriturismo. Zunehmend ziehen die Karstbesucher wie auch die Einheimischen die einfache, aber ehrliche und schmackhafte Küche eines Bauernhofs jener eines Restaurants vor. Nicht zuletzt wegen der günstigen Preisgestaltung, der unverfälschten Küche und des urigen Ambientes.

Bei Ušaj bekommt man je nach Saison Rollgerstensuppe, Jota, Kartoffelgnocchi mit Gulasch, selbst gemachte Salsicce (Wurst) mit Kraut oder wunderbare Maltagliati (grob geschnittene Nudelflecken) mit Porree und Salsiccia. Am Wochenende hat Tamara immer eine Kalbsstelze im Rohr, die sie mit Gemüse und Kartoffeln serviert. Die Süßigkeiten variieren ständig und sind selbstverständlich hausgemacht. ■

Was gibt es Feineres als eine Karstjause?

Nevo Radovič

Olivenbauer aus Leidenschaft

Agriturismo Radovič

Nabrežina 138
Duino Aurisina/Devin

Tel. +39 040 200173
www.agriturismo.it

- *Olivenölverkauf*
- *Zimmer*
- *Essen auf Bestellung*

„**D**as Olivenöl ist leider aus. Im nächsten Jahr wieder", bedeutet uns Frau Radovič, als wir an der Tür des Agriturismo läuten. Nein, wir wollen im Moment keines kaufen, sondern mit Nevo Radovič sprechen, der mit seinen Olivenbäumen in Aurisina so etwas wie ein Exot ist. Seine berühmten Kollegen – zum Beispiel Parovel, Starec oder Sancin – sind alle im Val Rosandra angesiedelt. Radovič ist ein Einzelgänger und nur er experimentiert mit seinen Olivenbäumen, die nicht dem Meer zugewandt sind, sondern im Schatten der monumentalen Eisenbahnviadukte aus der Ära Kaiser Franz Josephs stehen.

Von seiner Azienda Agricola, wo Nevos Familie einen Agriturismo mit sieben Apartments betreibt, fahren wir mit ihm über holprige Wege. Steine auf der Erde und Steinmauern rechts und links. Dazwischen das trockene Karstgebüsch.

Und hier sollen Olivenbäume wachsen? O ja. Plötzlich, direkt hinter dem Eisenbahnviadukt von Aurisina, tut sich gepflegtes Grün auf. In Reih und Glied stehen in exakter Reihenfolge 270 Olivenbäume. Manche 16 Jahre alt, andere 10. Damals hat sie Nevo unter großem Aufwand gepflanzt. Die rötliche Erde ließ er tonnenweise von der Küste in seinen geplanten Olivenhain befördern. „In den steinigen Boden hätte ich keine Olivenbäume setzen können", sagt Nevo.

Die bunte Mischung aus den verschiedenen Sorten Bianchera, Belica, Leccino, Maurino und Pendolino sowie einigen Olivenbäumen aus der Toskana, die für den lieblicheren Touch im Olivenöl sorgen, halten die Bäume gesund und widerstandsfähig. Auch seien die Olivenöl-Cuvées geschmacklich interessanter, klärt uns Nevo auf.

Noch sind die kleinen Früchte, die zwischen den silber-grünen Blättern hervorlugen, hellgrün. Wenn sie zu glänzen beginnen, steht die Reife kurz bevor. Im November werden sie rötlich-grün sein. Dann ruft Nevo die ganze Verwandtschaft und eine Handvoll Helfer zusammen, um die Früchte ganz sachte von den Bäumen zu rebeln und zu pflücken. Die Qualität des Öls hänge vor allem davon ab, wie schnell die Oliven vom Baum zur Presse gelangen. Eigentlich wäre das Öl ja biozertifiziert, doch darauf verzichte er, bedeutet es doch höhere Steuern.

„Früher", erzählt Nevo, „waren die Terrassen an der Küste voll mit Olivenbäumen." Im Katastrophenjahr 1914 zog nicht nur der Krieg ins Land, sondern auch der kälteste Winter seit Menschengedenken. Alle Olivenbäume starben, so als hätten sie das kommende Unglück geahnt.

Vater Dušan, mittlerweile 96 Jahre, geht zwar am Stock, macht aber immer noch einfache Arbeiten am Hof. Ob er, wie es Ernährungswissenschaftler empfehlen, täglich einen Löffel Olivenöl zu sich nehme? „Nein", sagt Nevo, kann dem aber durchaus etwas abgewinnen, sofern das Öl auch wirklich kalt gepresst ist, erhitztes Industrieöl würde mehr schaden als nützen. „Mein Vater hat zeit seines Lebens gut gegessen und darauf kommt es schließlich an", ist er überzeugt.

Wenn Nevo durch seinen Olivenhain schlendert – daneben stehen zahlreiche Reihen von Refosco-Reben –, fühlt er sich glücklich und entspannt. Er streicht fast liebevoll über die knorrigen Stämme und die silbrigen Blätter und hat für jeden Baum aufmunternde Worte – ein Olivenflüsterer. „Die Familie lebt von der Vermietung, die Oliven sind meine Leidenschaft." Nur etwas trübt seine Freude: der weithin hörbare Lärm von der Autobahn, der das Naturgefühl beeinträchtigt. „Nächstes Jahr werde ich einen Erdwall aufschütten und Bäume pflanzen", verspricht er sich selbst. Ob die öffentliche Hand dazuzahlen wird? Nevo lacht bitter: „Die haben andere Sorgen. Wenn sie wenigstens den Bahnviadukt von den wuchernden Pflanzen befreien würden. Er ist schließlich ein geschichtliches Monument."

Auf den Bauernhof zurückgekehrt, wo Schafe die Mäharbeit auf der Wiese erledigen, taucht Nevo Brotstücke in das grün schimmernde Öl, das lauwarm aus einer alten Steinpresse fließt. Man schließt die Augen, spürt den intensiven Geschmack und die herbe Säure, die ein leichtes Kratzen im Hals zurücklässt. Öl aus dem Karst hat nichts mit den lieblichen Olen des Gardasees oder der Toskana zu tun. Man muss es zweimal probieren, es ist spröde wie die Karstlandschaft, die auch erst auf den zweiten Blick ihre Pracht entfaltet. ■

Der Olivenbauer Nevo ist ein echter „Olivenflüsterer".

Einfach nur Boris

Trattoria Terzoni
oder Osteria Boris
Malchina/Mavhinje 1

Tel. +39 040 299499
www.ilmangione.it

• *Karstküche*
• *Überdachte Terrasse*

Einheimische kennen die Trattoria nur unter dem Namen Boris. Es ist ein richtiges Dorfgasthaus. Von außen wenig einladend und auch von innen bescheiden, doch das sollte in Italien niemals ein Maßstab sein.

Mit Kinderzeichnungen an den Wänden und im Winter kuschelig warm, hat die Gaststube durchaus Atmosphäre. Speisekarte gibt es keine. Die Wirtin zählt monoton einige wenige Gerichte auf, die ordentliche Kost verheißen. Dazu gehört eine Gemüseroulade mit brauner Butter und Gnocchi mit Pilzen. Dicke Bohnen- und Gemüsesuppen sind auch ein gutes Angebot. Die Nähe zu Slowenien beweist ein Laibacher Schnitzel. Das ist ein Cordon Bleu, gefüllt mit Schinken und Käse, aber nicht ausgebacken, sondern gebraten. Die Costata di manzo, ein schönes Stück Rind am Knochen, verrät den Fleischkenner in der Küche. Dazu gibt's Spinat vom Feinsten, ganz natur und mit viel Butter. Die Kartoffeln sind mit Rosmarin im Rohr gegart. Manchmal hat Boris auch eine Schweins- oder Kalbsstelze im Rohr, manchmal auch Gulasch auf gut Österreichisch, hier natürlich mit Kartoffelgnocchi.

Viele Einheimische kommen zu Boris vor allem wegen der Karstjause. Terran oder Malvasia sind naturbelassen, passen aber zu den deftigen Gerichten. ■

Bei Boris kehrt man gerne ein.

Inmitten eines großen Parks

Mezzaluna
Azienda Agrituristica
Malchina/Mavhinje 54

Tel. +39 040 291529
www.mezzalunanet.com

- *Karstküche*
- *Großer Garten*
- *Zimmer*

Der Park ist riesig. So groß, dass ein Spielplatz, eine Käserei, ein Reitplatz und eine Menge Autos darin Platz finden. Ideal für Kinder, die sich dort austoben können. Im Sommer sitzt man auf der Terrasse, im Winter im eher dunklen Gastraum mit schweren Möbeln und Firlefanz wie in einen Museum. An den langen Tischen finden bis zu zwölf Personen Platz. Die Küche ist karstig-deftig und die Portionen sind für Schwerarbeiter. Doch die Qualität stimmt allemal.

Auf der großen Speisekarte kann jeder etwas für sich finden. Es gibt selbst gemachten Ziegenkäse, Würste *(salsicce)* vom Grill mit Kartoffeln und Gemüse und Gulasch. Berühmt ist der „Halbmond" für seine umfangreichen Rindersteaks. Die Bistecca, die oft mehr als einen Kilo wiegt, sollte man sich teilen. Sie ist zart, gut marmoriert und wunderbar auf dem Holzkohlengrill zubereitet. Der Ferienbauernhof bietet sieben Zimmer mit Frühstück, das mit selbst gemachten Produkten den ganzen Tag satt macht, bis man am Abend wieder zu Tisch gebeten und mit deftigen Speisen verwöhnt wird. Gekocht wird für die Gäste von Mittwoch bis Sonntag. ■

Spielplatz für Familien

Allegra Fattoria
Malchina/Mavhinje
23/A

Tel. +39 040 299939
oder +39 338 4817783
www.allegrafattoria
incarso.it

• *Karstküche, Pizza*
• *Terrasse*
• *Zimmer*

Familien lieben diese Fattoria am Ende des kleinen Karstortes Malchina. Hier gibt es Ponys und Pferde zum Reiten, Spielgeräte und reichlich Auslauf. Viele verbringen hier ihre Ferien mit schönen Wandermöglichkeiten in der Umgebung und der Nähe zu den Stränden.

Die Allegra Fattoria ist auf große Gesellschaften eingerichtet, wie es in Italien bei Feierlichkeiten üblich ist. Da kommen dann schon gut und gerne über hundert Verwandte und Freunde zusammen. Sie haben in den großen, etwas bahnhofshallenähnlichen Räumlichkeiten genügend Platz. Intimer und mit netten roten Tischtüchern gedeckt ist der Thekenraum, sehr gemütlich der große Garten und die Terrasse mit zahlreichen Tischen.

Ein Koloss von einem Pizzakoch hat den Pizzaofen im Auge und schiebt eine Pizza nach der anderen in den Ofen. Riesige Teile für gut und gerne vier Personen, dick belegt und sehr knusprig.

Aber es wäre keine Fattoria, wenn es nicht auch andere Speisen gäbe! Der Boss, ein drahtiges, kleines Kerlchen, hat noch mehr zu bieten: Pasta mit Scampi alla busara, Spaghetti mit Fleischsugo, Gnocchi mit Kräutern zum Beispiel. Frisch vom Grill landen Würste, Fleisch, Čevapčiči, Spieße auf dem Teller – große Portionen, die man entweder nach einem Reitausflug verschlingen kann oder zu zweit. In Italien ist es übrigens nicht peinlich, wenn man sich ein Gericht teilt. Die Einheimischen, die schon wissen, dass die Portionen riesig sind, machen das durchwegs so. Außerdem möchte man ja von verschiedenen Speisen kosten. ■

Im schattigen Garten der Allegra Fattoria fühlen sich Kinder und Erwachsene gleichermaßen wohl.

Für Ranko nur das beste Holz

Osteria Sardoč

Slivia 5

Tel. +39 040 200146

www.sardoc.com

- *Karstküche*
- *Überdachte Terrasse*

Gar nicht so einfach, den Sardoč zu finden. Man muss sich von der Hauptstraße bei Aurisina in den Karst mit seinen schmalen Straßen, die mit den Steinmauern begrenzt sind, begeben. Die zweite Hürde: Es gibt noch einen zweiten Sardoč, nämlich in Precenico, also bitte nicht verwechseln.

Die Trattoria erkennt man an der großen Terrasse, die im Sommer mit Blumentöpfen bestückt ist. Hier bekommt man herzhafte Kost, die selig stimmt. Mutter Elena, Sohn Ranko und Tochter Roberta sprechen neben Italienisch natürlich Slowenisch. So ist auch die Küche – italienisch mit slowenischen Einflüssen. Speisekarte gibt es keine, man muss schon gut zuhören, um zu erfahren, was Ranko vorbereitet hat. Er ist ein Meister des Grillens, daher sind ein schönes Stück Fleisch, eine Bistecca oder gegrillte Leber anzuraten. Vorher sollte man sich durch die Primi kosten, die durchwegs wunderbar schmecken: Kartoffelrouladen mit Spinat und Bratensaft, Gnocchi con susine – süße Zwetschkenknödel, die man als Vorspeise isst,

und hausgemachte Tagliatelle mit Fleischsauce. In dünne Scheiben geschnittene Schweins- oder Kalbsstelze, Backhendl oder die Ljubljanska (Laibacher Schnitzel) machen richtig satt. Für den Grill wählt Ranko nur das beste Holz, wie er uns erzählt, das wirke sich auf das Aroma des Fleisches aus. Die Dolci sind vom nahen Slowenien beeinflusst, zum Beispiel Cremeschnitten, Strudel mit Früchten der Saison (Apfel, Kirschen und Feigen), Palatschinken oder Štruklji mit Nüssen. ■

Ranko mit seiner Familie

Landwirtin mit Diplom

Sidonja Radetič

**Agristoro
Medeazza/Medjevas 10**

Tel. **+39 040 208987,**
oder **338 3526602**
www.radetic.wpeople.it

- *Karstküche*
- *Innenhof*
- *Zimmer*

Sidonja stammt aus einer traditionellen Bauernfamilie, dennoch hat sie an der Universität Udine ihren Abschluss in Önologie gemacht. Daher widmet sie sich auch besonders den Weinkulturen und der Erzeugung landwirtschaftlicher Produkte. Sidonja züchtet Schweine, Hühner und Kühe. Daraus wird Käse, Mozzarella, Salami, Schinken, Ossocollo und vieles mehr hergestellt, das bei Radetič verkostet werden kann.

Im wunderschön restaurierten Karsthof serviert Sidonja Karstmenüs, die je nach Saison variieren. Man kann dabei sicher sein, dass alles, was auf den Teller kommt, selbst gemacht ist. Von der kalten Platte bis zu den Nachspeisen. Dazu gibt es den ausgezeichneten Hauswein.

Im Sommer öffnet sie ihren Bauernhof jeden Tag für Gäste, im Winter nur an Wochenenden. Anrufen sollte man vorher trotzdem.

Wer in dem netten Karsthaus übernachtet, darf sich auf ein opulentes Frühstück freuen. ▪

Ossobuco und Terranlikör

Trattoria da Pino
Medeazza/Medjevas 10A

Tel. +39 040 208296

www.carsokras.eu

- *Typische Karstküche*
- *Sitzgarten*

Üppiges Grün, Gemüsegärten, Obst- und Kastanienbäume und ein schöner Meerblick. Touristen verirren sich in das Gasthaus mitten in Medeazza selten. Nur zum Pferdefest finden sie hierher, wenn auf der großen Wiese vor dem Haus ein Hindernislauf stattfindet. Trauben von Menschen hängen dann am Zaun und zerkugeln sich, wenn ein Pferd bockt oder der Reiter gar unsanft im Gras landet.

Wie üblich steht Mamma in der Küche und die blonde Tochter serviert, wenn sie nicht im nahen Supermarkt an der Kasse Dienst macht.

Tagliatelle und Gnocchi, hausgemacht natürlich, gibt es in verschiedenen Variationen: mit Gemüse- oder Tomatensugo, Gulasch- oder Bratensaft. Im Herbst manchmal mit Pilzen. Eine Spezialität sind die in Olivenöl ausgebackenen Kifel, die wunderbar zum Braten aus dem Rohr passen. Wenn man Glück hat, kann man bei Pino sogar einen zarten Ossobuco (geschmorte Stücke von der Kalbsstelze), ergattern. Gulasch, Koteletts vom Grill sind Standardgerichte, aber immer gut gekocht.

Wenn man sich dann zufrieden über den Bauch streicht und ins Grüne blickt, ist das Mahl noch nicht zu Ende. Denn dann sollte man den selbst gemachten Terranlikör mit Weihnachtsgeschmack oder die milde, wärmende Grappa kosten, denn die Gaststube ist im Winter etwas frostig. ■

Schaumwein vom Bauernhof

Paolo Pernarčič
Ristoro agrituristico
Medeazza/Medjevas 21

Tel. +39 040 208601
oder 388 6104103
www.terranostra.it

- *Karstküche*
- *Garten*
- *Weinverkauf*

Man muss schon Glück haben, um den Agriturismo auf der Straße nach Medeazza offen vorzufinden. Nur wenige Tage im Monat heizt die Familie Grill und Herd an, um typische Karstgerichte aufzutischen. Am besten, man ruft vorher an, um die genauen Öffnungszeiten zu erfahren. Den Rest des Jahres sind Paolo, seine Frau Clara und ihre Schwester Natascha mit dem Bauernhof beschäftigt. Eigene Schweine und Rinder der Rasse Pezzata Rossa müssen zu Fleisch verarbeitet, das Gemüse angebaut und geerntet und der Wein (Refosco, Moscato, Vitovska, Malvasia) gekeltert werden.

Wenn man allerdings offene Türen am 250 Jahre alten Hof vorfindet, ist es jedes Mal ein Fest. Man sitzt unter alten Nussbäumen oder an langen Holztafeln und hört begeistert zu, was Clara in Bälde auftragen wird: Vorspeisenplatten mit Schinken, Salami und Käse, eine mollige Minestra aus Rollgerste *(orzo)*, Crespelle mit Zucchini oder Radicchio (je nach Jahreszeit), Gulasch, Cotechini (spezielle Schweinswürste) oder ein gegrilltes Rinderstück mit Knochen. Bei der Pancetta aus dem Rohr sollte man vorsichtig sein, es sind gar fette Scheiben vom Schweinsbauch. Dazu gibt es gebratenen Fenchel und matschige Kartoffeln in der Pfanne. Zum Schluss geigt die Küche nochmals mit Ricotta oder selbst gemachtem Joghurteis mit Honig auf.

Stolz präsentiert Paolo seinen „Meduit" – benannt nach dem alten Namen Medeazzas –, ein faszinierender Schaumwein, dem er seine ganze Aufmerksamkeit widmet. Er wird aus Vitovska und Malvasia hergestellt, die auf den uralten Weinbergen der Familie wachsen. ■

Clara und Paolo sind stolz auf ihren „Meduit".

Sandi Škerk

Ein Weinbauer der feinen Art

**Azienda Agricola
Sandi Škerk**
Prepotto/Prapot 20

Tel. +39 040 200156
www.skerk.com

• *Osmiza*
• *Weinverkauf*

Bevor es dämmrig wird in Prepotto, nimmt die Sonne noch einmal all ihre Kraft zusammen, um den kahlen Steinhäusern einen goldenen Anstrich zu verleihen. Ein Anblick, der fast erschauern lässt.

Kein Wunder, dass in dem von Klima, Sonne und Wind bevorzugten Örtchen mit höchstens 200 Einwohnern und 200 Meter über dem Meer die Elite der Weinproduzenten vom Karst zu finden ist. Quasi das Who's who der „Macher" von Terrano, Vitovska, Malvasia und Glera. Die vier Großen aus Prepotto sind Edi Kante, Danilo und Matej Lupinc, Benjamin Zidarich und Sandi Škerk. Die zweite Generation junger, gut ausgebildeter Winzer, die ihre eigenen Vorstellungen von Wein haben und den kargen Kastboden als „Geschenk des Himmels" annehmen.

Wir haben Glück. Die Osmiza von Sandi Škerks Schwester hat gerade zehn Tage geöffnet. An den Tischen des kleinen Innenhofs sitzen Arbeiter in ihren Monturen, die sich noch schnell ein Glas vor dem Nachhausegehen genehmigen, und die ersten Gäste aus den umliegenden Dörfern. Mit der zunehmenden Dunkelheit steigt der Lärmpegel in der beliebten Osmiza.

Umso mehr fällt der stille, zurückhaltende Mann mit dem schönen kantigen Gesicht auf, der das Treiben von einer Ecke der Osmiza aus beobachtet. Aufsehen um ihn scheint ihm zuwider. Ein einfaches T-Shirt und ausgebeulte Bermudas zeugen davon, dass er sich nicht auf seinen Lorbeeren ausruht, die er sich längst verdient hat.

Er hält eine entkorkte Flasche von seinem Ograde und drei langstielige Gläser im Arm, als er sich zu uns setzt. Der Uvaggio aus Vitovska, Malvasia, Sauvignon und Pinot Grigio sei sein ganzer Stolz. Und tatsächlich – der Wein, der leicht ins Orange tendiert, überrascht mit einer Dichte, einem Duft nach Sommerwiesen und einem Geschmack nach Karstblüten, der im Mund explodiert.

Mit einer ausladenden Handbewegung zeigt er in die Richtung, wo die Weingärten am Hang dem Meer zugewandt liegen. Angesichts des steinigen, mineralischen Bodens und der wütenden Bora würden verwöhnte Winzer in Verzweiflung verfallen, Sandi Škerk hingegen gerät ins Schwärmen. Ein halber Kilo Trauben pro Weinstock genügt. Qualität geht eindeutig vor Quantität.

Wie den Karstwinzern wird auch den Reben alles abverlangt. Auf der Suche nach der fruchtbaren Erde kämpfen sich die Wurzeln tief ins Innere. Da kann die Bora im Winter noch so rütteln – der Weinstock hält mit seiner ganzen Kraft dagegen. „Die Bora hat einen wichtigen Einfluss auf die Weine. Sie gibt ihnen Ecken und Kanten", sagt Škerk.

Es ist finster geworden, doch Sandi lässt es sich nicht nehmen, mit uns in den Weinkeller hinabzusteigen. Wir tasten uns vorbei am Eingang des Weinkellers des unmittelbaren Nachbarn Benjamin Zidarich, zu dem Škerk ein freundschaftliches Verhältnis hat, und stolpern über den steinigen Boden, bis das Licht angeht und den Eingang zum mystischen Keller ausleuchtet.

Im Erdgeschoß stapeln sich Weinkartons und Flaschen, doch wir dringen tiefer ins Erdinnere. Über mehrere Stockwerke geht es etwa hundert Meter in die Tiefe. Eine Welt aus Gesteinsbrocken tut sich auf, dazwischen leuchtend rote Adern aus Erde. Gespenstisch tanzt das Licht auf den Eichenfässern. Wären da nicht die dyonisischen Freuden im Inneren der Fässer, man glaubte sich dem Hades nahe. In der natürlichen Grotte reifen die Weine bei beständiger Temperatur von 15 Grad. Vom Wein, den er zu höchster Qualität getrieben hat, kann die Familie inzwischen gut leben.

Škerk ist ein feiner Mann der wenigen Worte, lieber lässt er seinen Wein sprechen. Sein Weinwissen habe er vom Vater Boris, der einstmals im „Stallo Sociale" Kühe gemolken und die Milch nach Triest gebracht hat. Vor 40 Jahren hat der Vater als Pionier begonnen, sich mit dem *vino naturale* zu befassen.

Heute erzielt Sandi mit seinen Weinen Höchstpreise. Ein kleiner Dank dafür, dass er für Weinliebhaber mit viel Mühe und Liebe das Beste aus dem kargen Boden gepresst hat. ■

Sandi Škerk ist ein „stiller" Weinbauer, der große Weine produziert.

Im Zentrum der Karstweine

Agriturismo Lupinc
Prepotto/Prapot 11 B

Tel. +39 040 200848
www.lupinc.it

- *Karstküche*
- *Garten*
- *Zimmer*
- *Weinverkauf*

Danilo Lupinc, mittlerweile fast 80 Jahre alt, war einer der Ersten, der die Terran-Rebe im Karst kultiviert hat. Das ist jetzt über 40 Jahre her und Sohn Matej ist längst in die Fußstapfen seines Vaters getreten. Lupinc-Weine gehören zu den besten, die der Karst zu bieten hat.

Danilo trifft man fast täglich in seinem Ferienbauernhof mit dem weitläufigen Garten, wo die Tische unter Linden, Eichen oder Pinien stehen und immer weiß gedeckt sind. Er genießt ein Gläschen Terran und plaudert gerne mit seinen Gästen über den Wein und sein privates Museum über den Zweiten Weltkrieg.

Die Speisekarte ist schnell erzählt: Gnocchi oder Tagliatelle mit Butter und Salbei und geräuchertem Ricotta, wahlweise mit Tomaten oder Gulasch. Die obligate Vorspeise besteht aus Schinken, Salami, Käse – aber alles hausgemacht. Sehr würzig sind die Čevapčiči oder die Salsicce vom Grill. Zu den Kalbsbratenstücken in feiner Sauce gab es gebackene Zucchinibällchen von bester Qualität. Dass der Salat frisch und knackig ist, versteht sich von selbst. Man kann ihm beim Wachsen zusehen, denn der Gemüsegarten liegt geschützt in einer Karstdoline direkt vor dem Gastgarten. Das Beste kommt aber zum Schluss: hausgemachte Biskuitrouladen mit einer Füllung aus Schokolade oder Erdbeercreme.

Wenn man nicht beim erdigen Terran zu Hause ist, schenkt Lupinc auch kräftigen Malvasia oder Vitovska ein. Es muss auch nicht unbedingt ein Flaschenwein sein. Der Schankwein ist geschmackvoll und mit 4,50 Euro pro Liter wohlfeil. ◾

Danilo Lupinc (Bild unten) ist in seinem Agriturismo oft anzutreffen. Hier speist man gut unter alten, schattenspendenden
Bäumen. Sohn Matej ist in die Fußstapfen des Vaters getreten.

„Achterbahn" im Karst

www.osmize.com

Sie heißen Košuta, Rebula, Zidarich, Štrubelj, Pipan oder Pahor. Unschwer zu erkennen, dass es sich um slowenische Namen handelt. Die slowenischen Familien sind seit Urzeiten im heute italienischen Karst angesiedelt und betreiben die wunderbarste kulinarische Eigenheit dieser Gegend: die Osmize. Es ist nur ein begrenztes Gebiet zwischen Medeazza und Triest, in dem rund 200 urige Buschenschenken irgendwann im Jahr die Tore öffnen.

Wenn die ersten warmen Sonnenstrahlen im Frühling den rauen Karstboden erwärmen, die Perückensträucher zum Erblühen bringen und der Duft von *gelsomino* (Jasmin) über den Dörfern hängt, dann sprießen auch die roten Holzpfeile mit grünen Efeuzweigen an nahezu jeder Straßenkreuzung aus dem Boden. Sie weisen den Weg zu den provisorischen Buschenschenken, die bei den Einheimischen und Gästen ungemein beliebt sind. Hier gibt es Schinken, Salami, Würste, Ossocollo, Bauchfleisch mit Kren, Käse, hart gekochte Eier, eingelegtes Gemüse zu niedrigen Preisen. Dazu gibt's einfache Weine aus dem Karst. Den roten Terran und die weißen Sorten Vitovska und Malvasia. Sie haben zwar nicht die Qualität, die die berühmten Karstwinzer hervorbringen, neigen mitunter zu kratziger Säure, passen aber gut zur Jause. Die Brieftasche belasten sie mit höchstens fünf Euro pro Liter.

Osmize gibt es für jeden Geschmack – nobel und mit Meerblick, urig mit Biertischen und karierten Wachstischtüchern, in Innenhöfen alter Karsthäuser oder mitten in den Weingärten. Hier treffen einfache Arbeiter, junge Leute mit Kindern und Hunden, betuchte Triestiner und manchmal auch Touristen aufeinander. Es herrschen Trubel, Heiterkeit und ausgelassene Stimmung, die man unschwer am Lärmpegel erkennen kann, der schon von Weitem eine Osmiza ankündigt.

Von einer Seite schallt slowenischer Singsang, von der anderen Ecke klingt es Italienisch. Man sitzt unter Weinreben und blickt wie verzaubert auf das Meer am Horizont und riecht die Salami mit wilden Fenchelsamen.

Eine Osmiza findet man nur im Karst zwischen Medeazza und Triest. Dementsprechend beliebt ist sie bei Einheimischen und Gästen.

Woher stammt aber der Name Osmiza, deren Schreibweisen, es gibt auch Osmica oder Osmizza, so vielfältig sind wie ihre Besitzer? Der Sohn Maria Theresias, Kaiser Joseph II., wollte den durchwegs slowenischen Bauern im Karst Gutes tun und stattete sie per Dekret von 1784 mit dem Privileg aus, an acht Tagen im Jahr (im Slowenischen heißt acht *osem*) ihren Wein und die selbst gemachten Produkte verkaufen zu dürfen – und das taten sie ausgiebig. Heute öffnen Osmize länger als acht Tage, aber immer noch sind die Buschenschenken improvisiert und die Spezialitäten hausgemacht. Zukaufen darf man nur von den Nachbarn.

Mit weißer Kreide steht auf schwarzen Tafeln geschrieben, was das Angebot verheißt. Man stellt sich schön in der (oftmals langen) Reihe an, gibt seine Bestellung auf und wartet auf das mit Wachspapier belegte Holzbrett, auf dem sich die „Schweinereien" türmen. Das Beiwerk ist dürftig. Als

Besteck dienen Zahnstocher, es gibt eine Serviette, eine Scheibe Brot und ein Glas pro Person. Basta. Der Wein wird in Literkaraffen direkt aus dem Fass über den Tisch geschoben, wer weniger als einen Liter will, dem kann man nicht helfen. Etwas Süßes ist selbstverständlich, sei es ein Mandelkuchen *alla nonna*, Apfelstrudel, Palatschinken oder eine herrliche Piersolada (in Wein eingelegte Pfirsiche). Zieht man die gesamte Palette bis zum Terranlikör durch, sollte man einen der vielen Busse nehmen, die die Karstdörfer anfahren.

Osmize sind mehrmals im Jahr an mehreren Tagen und meist von 10 bis 23 Uhr geöffnet.

Um den Überblick zu wahren, welche gerade geöffnet haben, sollte man im Internet (*www.osmize. com*, Osmize aperte oggi?) nachsehen. Auf der gut gemachten Website findet man die offenen Osmize in der Nähe samt Adressen, Telefonnummern, Fotos, Wegbeschreibungen, Wetterbericht. Die Osmize-Betreiber wechseln sich so geschickt ab, dass das ganze Jahr über dem Karstgenuss gefrönt werden kann. ■

Dario Zidarich

Alles Käse im Schacht

Dario Zidarich
Prepotto/Prapot 23

Tel. +39 040 201223
www.scoprifvg.it

• *Käseverkauf*

Kein Hinweisschild, kein Pfeil zur Käserei von Dario und Sandra Zidarich. Nichts. Wir fragen in Prepotto einen älteren Herrn auf der Straße. Bevor er uns den etwas komplizierten Weg erklärt, setzt er sich lieber in sein Auto und bedeutet uns, ihm zu folgen. Nach einem halben Kilometer verschwindet er auf einem karstigen Waldweg, wo man alsbald eines Bauernhofs ansichtig wird. Wir haben es geschafft. Wir sind bei Zidarich angekommen, der oft mit Benjamin Zidarich, dem Weinbauern in Prepotto, verwechselt wird. Der freundliche Herr nützt die Gelegenheit, um gleich eine Schnitte Käse zu kaufen und mit der Chefin zu plaudern.

Sandra schneidet gerade große Stücke von Käselaiben ab und packt sie appetitlich in Wachspapier ein, die 19 Jahre alten Zwillinge, Lea und Mira, helfen dabei.

80 Kühe liefern 3000 Liter Milch pro Woche, die Rohmilch ist der Rohstoff für acht verschiedene Käse verschiedenster Reifegrade. Der „Tabor" zum Beispiel ist ein Latteria, den man nach einer Reifung von drei oder sechs Monaten oder einem Jahr verzehren kann. Verschiedene Frischkäse („Bianca") würzt Sandra mit Kräutern, die sie auf den umliegenden Wiesen findet, oder mit dem unvergleichlichen Aroma von Fenchelblüten. Im Winter kommen Nüsse und Pfeffer dazu. Die graue Schicht, die sich über den Käse legt, ist gewollt. Man könnte ihn abwaschen, aber das tut keiner, der etwas von Käse versteht. „Wir legen besonderen Wert auf eine naturnahe Produktion", sagt Sandra Zidarich. So naturnah, dass man den Käse sogar ins Erdinnere verfrachtet.

Der „Jamar" (Höhlenkäse) ist nämlich die Besonderheit des Hauses Zidarich und bei der Qualitätsgastronomie der Region besonders begehrt. Nachdem die Käselaibe etwa vier Monate im Regal gelegen sind, beginnt für sie ein abenteuerlicher Reifungsprozess in einer engen Karsthöhle unweit des Hauses. Sie war nicht schwer zu finden, die Gegend ist von solchen Höhlen geradezu durchlöchert. Zidarich folgt einer alten Tradition, wonach die Karsthöhlen als natürliche Kühlräume genützt worden sind.

Dario Zidarich und seine Damen
machen den besten Käse der Region.

Zwei bis drei Mal pro Monat bringt Danilo seine Käselaibe eigenhändig in die Unterwelt und holt die fertigen, gereiften nach drei bis vier Monaten wieder an die Oberfläche. Wir haben Glück, Danilo, ein Bär von einem Mann, ist gerade von seiner Höllenfahrt zurückgekommen. Er sieht aus wie ein Höhlenforscher, trägt einen schweren Helm mit Grubenlampe, Seile und Haken sind um seinen Overall aus festem Stoff geschnürt. Er müsse sich die 70 Meter abseilen und immer auf den Steinschlag achten. „Eine wirklich gefährliche Reise. Da unten geht kein Handy und es ist stockfinster", begründet er, warum er uns nicht mit hinunternehmen kann.

40 Meter breit ist die Reifungsgrotte, in der die Käselaibe ideale Bedingungen vorfinden. Eine gleich bleibende Temperatur von 12 Grad und totale Finsternis. 60 Käse rasten zur Zeit im Erdinneren. „Die rote Erde und die Mineralien geben dem Jamar ein besonderes Aroma nach Pilzen", sagt Zidarich. Eine Kostprobe bestätigt: Dieser Käse ist eine unvergleichliche Delikatesse. Die 30 Euro pro Kilogramm kommen einem bei diesem Aufwand fast wie eine Mezzie vor. Selbst die Kühe müssen sich anstrengen, um aromatische Gräser auf der Sommerweide zu finden. „Hier ist es nicht wie auf österreichischen Almen, wo es fette Wiesen gibt. Hier ist alles karg", sagt Sandra, nicht ohne hinzuzufügen: „Aber der Mangel macht die Qualität."

Während sich Danilo aus seinem Grubenanzug schält, kommen ein paar Kunden zur Tür herein. Sie kaufen gleich 13 Kilo Käse verschiedener Sorten. „Wir sind eine Einkaufsgemeinschaft, die einmal pro Monat hier den Käse kauft. Nirgends gibt es so eine Qualität", sagt Paolo und stopft die Käsepackerln, die ihm seine Freunde aufgetragen haben, in mehrere Kühltaschen.

Und dann erzeugt die Familie noch Ricotta und Joghurt. Nein, kein Früchtejoghurt, ganz normales weißes, betont Sandra. „Wir wollen auch beim Joghurt naturnah bleiben." ◼

Eine Trattoria der Herzlichkeit

Trattoria Gruden
San Pelagio/Šempolaj 49

Tel. +39 3940200151
www.myresidence.it

- *Karstküche*
- *Gastgarten*
- *Zimmer*

Bei Gruden nur das Beste.

Vanda Gruden kommt mit hochrotem Gesicht aus der Küche, wischt sich ihre Hände an der Schürze ab und umarmt uns überschwänglich. Besonders freut es sie, wenn man mit ihr Slowenisch, ihre Muttersprache, spricht. Slowenien ist vom kleinen Karstort San Pelagio nur knapp einen Kilometer, das Meer sechs Kilometer entfernt. Wenn man auf der schattigen Terrasse unter dem ausladenden Kastanienbaum sitzt, kann man es sehen und manchmal auch riechen. Das Gasthaus stammt aus der k. u. k. Zeit, es wurde von der Familie Gruden im Jahr 1904 gegründet.

Die Küche ist den Gerichten aus dieser Zeit treu geblieben. Es gibt Kaiserfleisch, Rindfleisch mit Krensauce, Backhendl und Ljubljanska.

Hier sollte man sich Zeit nehmen und das volle Programm Antipasto – Primo – Secondo – Dolce ordern. Die freundliche, fast überschwängliche Kellnerin gibt den Takt vor.

Besonders köstlich sind Signora Grudens Primi. Man kann gar nicht genug bekommen von den Rouladen mit Spinat, den Crespelle mit Radicchio oder den Tortelloni mit Bratensaft. Eigentlich hätte man dann schon mehr als genug gegessen, kämen dann nicht noch Scheiben von der Kalbsstelze *(stinco di vitello)* oder ein punktgenau gebratenes Filetto di manzo (Rindsfilet). Dazu passen der Terran, der hier im kühlen Tonkrug schimmert, Malvasia und Vitovska von den nachbarlichen Weinbauern. Gruden hat sich als Lieferanten einen der besten ausgesucht: Edi Kante aus Prepotto. Gekrönt wird das Essen zum Schluss mit Panna cotta, selbst gemachtem Eis und Caffè. Bevor man den gastlichen Ort verlässt, wird man mit einem beißenden Likör aus zwanzig Kräutern verabschiedet, der den Magen aber aufs Angenehmste beruhigt. ■

Der richtige Wein zum Fisch

Enoteca Sgonico
Sgonico/Zgonik 15

Tel. +39 040 2296623
oder 348 8512625
www.carsokras.eu

- *Fisch- und*
  Karstküche
- *Terrasse*
- *Weinverkauf*

Ein Rundgang durch Sgonico lohnt sich allemal. Eine Kirche, ein Kriegerdenkmal, einen Sportplatz, ein Gasthaus und einen imposanten Olivengarten wird man bei einem Spaziergang finden. Und natürlich die Enoteca Sgonico. Sie gibt sich von außen verschlossen. Dicke gelbe Mauern mitten im Zentrum strahlen Kühle aus. Doch kaum öffnet sich das große Holztor, betritt man eine andere Welt. Weinstöcke winden sich um die Säulen, auf denen ein typischer Karstbalkon thront. Im idyllischen Hof stehen im Sommer Tische und Stühle und verheißen einen gemütlichen Aufenthalt.

Besitzer und Koch Mitja Riolino hat sich in der Küche auf Fisch spezialisiert, gleichwohl das idyllische Karstörtchen einige Kilometer vom Meer entfernt liegt. Die Karte ist nicht umfangreich, was für die Enoteca spricht. Es gibt zum Beispiel Artischocken alla romana mit rohem Fisch. Branzino, Orata, Rombo, Gamberoni, Calamari – der Küchenchef entlockt den frischen Meeresbewohnern das optimale Geschmackserlebnis durch einfache Aromen und gute Zutaten. Die beste Zutat ist aber ein passender Wein, den Mitja passgenau empfehlen kann.

Mitja Riolino im schattigen Gastgarten

Ein besonderes Erlebnis ist die Abteilung für den Weinverkauf, wo eine erkleckliche Anzahl ausgesuchter Weine aus dem Karst, dem übrigen Friaul und zahlreichen anderen Weinbaugebieten Italiens lagern. Hier hat man den Überblick und gute Beratung durch den Padrone, der insbesondere die befreundeten Winzer der Region von Beginn an gefördert hat – auch als sie noch nicht so berühmt waren wie heute. ■

Ein Hoch auf Mamma Lidia

Trattoria Ğustin
Sgonico/Zgonik 3/a

Tel. +39 040 229123
www.gustin
trattoria.com

• *Karstküche*
• *Garten*

Mamma Lidia und die beiden Töchter Paola und Tamara halten eine höchst soziale Funktion aufrecht: den Betrieb des Gasthauses in Sgonico an der Terran-Weinstraße. Wo sonst sollen die Einheimischen ihr Gläschen Wein trinken, ihre Familienfeiern abhalten oder am Sonntag und an manchen Abenden ordentlich essen? Ğustin hält die Kommunikation am Laufen. Doch auch Touristen sollten sich in das rustikale Lokal trauen, das eine wohlschmeckende Küche bietet. Paola und Tamara verwenden vor allem heimische Produkte und aromatisieren gerne mit den Kräutern des Karsts. Das Ambiente ähnelt zwar einer Bahnhofshalle, aber im Sommer kann man auf der Terrasse unter schattigen Bäumen angenehm verweilen.

So wird das dünn geschnittene Kalbfleisch nicht wie sonst üblich mit Thunfischsauce (*vitello tonnato*) zubereitet, sondern mit einer Gemüsecreme, die erstaunlich gut schmeckt. Die Tagessuppe variiert und ist meist eine dicke, gehaltvolle Bohnen- oder Gemüsesuppe. Ein wunderbares Gericht ist unbestritten die Lasagne aus Buchweizenmehl („Hadn") mit Radicchio und knusprig gebratenem Karstschinken. Das Reh wird mit Karstkräutern mariniert und von süßen Rüben begleitet. Wir dürfen einen Blick in die Töpfe werfen, wo schon das Sugo für das Mittagsmahl blubbert und im Rohr eine Schweinsstelze bräunt. Der Duft ist umwerfend und verheißt paradiesische Genüsse.

Die Herzen fliegen Paola und Tamara bei der Verkostung des cremigen Semifreddo aus Nüssen mit einer Zwetschkencreme endgültig zu. ▪

Bei Ğustin haben die Frauen das Sagen. Der Braten bräunt in einfachen Aluminiumpfannen.

Familie Milic

Service in wallenden Kleidern

Milic Agriturismo

Sgonico/Zgonik
Ortsteil Sagrado 2

Tel. +39 040 229383
oder 333 6804874
www.agriturismo
milic.it

- *Karstküche*
- *Garten*
- *Zimmer*
- *Weinverkauf*

Am sonst so beschaulichen Hof von Bernarda und Andrej Milic herrscht das pure Chaos. Gerade hat einer der frei laufenden Truthähne die kleine Enkelin gebissen und alles ist in Aufruhr. Die drei Gänse schlagen bedrohlich mit ihren Flügeln. Fotografiert zu werden, finden sie gar nicht witzig. Laut schnatternd verfolgen sie den Fotografen, um ihn verärgert in die Hose zu zwicken.

Truthähne und Gänse haben ein Ablaufdatum. Sie werden, sobald sie fett genug sind, in den großen Backofen befördert. „Gänse am Hof sind wichtig, sie töten die Vipern", sagt Bernarda gleichmütig. Vipern? „Ja, hinterm Haus im Gestrüpp gibt es immer welche." Ein Kontrollblick unter den Esstisch: zum Glück keine Vipern.

Der Hof der Familie Milic zwischen Rupinpiccolo und Rupingrande ist seit über hundert Jahren in Familienbesitz und ein architektonisches Schmuckstück. „Es ist eine uralte Osmiza", weiß Bernarda. Eine Inschrift datiert aus dem Jahr 1531. Die Tatsache, dass Andrej im Keller einen Stein mit dem Kopf einer Katze gefunden hat, den Historiker den Etruskern zuzählen, zeigt, dass sich hier die Menschen schon viel früher wohl gefühlt haben.

Die strohblonde bildhübsche Tochter Lucia schleppt den Stein herbei, den die Familie hütet wie einen Augapfel. Haben wir den nicht schon irgendwo gesehen? Ein Blick auf die Terranflasche – und das Rätsel ist gelöst: Ein slowenischer Künstler hat die Etiketten auf den Milic-Weinflaschen unter Verwendung des Katzenkopfmotivs gestaltet.

Auf Tradition legt Bernarda ausdrücklich wert. Ob es in den vier Zimmern des Karsthauses ist, wo noch die Möbel und der eiserne Kanonenofen von der bisnonna, der Uroma, stehen oder in der Küche, wo die Speisen nach althergebrachten Rezepten – eigentlich sind es mündliche Überlieferungen – gekocht werden. Zum Beispiel die Jota. „Man nennt sie auch *minestra magra*. Ein Armeleuteessen aus Kraut, Rüben, Kartoffeln und Bohnen und vielleicht ein paar Knochen. Heute lieben die Gäste die einfache Suppe", wundert sich Bernarda. Die fette Suppe *(brodo)* mit Fleisch gab es nur zu Festtagen.

Bernarda zählt noch einige typische Gerichte auf, die nach Karst schmecken: Mlinci mit Gemüse, Rotolo mit Spinat, Serviettenknödel *(struccolo in tovagliolo)* mit weißem Gulasch, Kartoffeln in der Pfanne *(patate in tecia)* oder gekochte Štruklji mit süßer Füllung.

Den Hochzeitsstrudel mit köstlicher Nuss- und Früchtefüllung, den Cotechino carsico (Schweinswurst in Schweinshaut), gekocht in Terran, und das Schweinefleisch in allen Variationen waren früher den großen Festen und Festtagen vorbehalten. Heute sei alles aus den Fugen geraten, meint sie fast resignierend.

Die Meisterstücke sind aber der nussig schmeckende Pršut und die Salami, dazu gibt es warmes Brot. „Machen wir alles selbst", sagt Andrej stolz. Mit Wehmut deutet er auf den Stall, wo seit einiger Zeit die Kühe auch im Sommer ihr Dasein fristen müssen. „Seit sie aus den Wiesen rundum einen Naturpark gemacht haben, dürfen die Kühe nicht mehr dort grasen", versteht Bernarda die italienische Bürokratie nicht mehr.

An lauen Augustabenden grasen dafür die Gäste die Speisekarte ab. Ständig werden Tische mit bunten Plastiktischtüchern herbeigeschleppt, weil neue Gäste eintreffen, um Essen und die fabelhafte Aussicht auf das Meer zu genießen. Der Duft von Gegrilltem lastet verführerisch über dem Hof, wo sich bald ein heiterer Lärmpegel aus Italienisch und Slowenisch ausbreitet.

Bernarda, Töchter Lucia, Neža und Serviererin Eleonora haben bunte, wallende Kleider angezogen und bewirten die Gäste, als würde das Wort „Stress" in ihrem Wörterbuch nicht vorkommen. ■

Viel Spaß beim Essen hat Familie Milic.

Andrej und Nevo Škerlj

Über die glücklichen Karstschweine

Fattoria Carsica Bajta
Sales/Salež 108

Tel. +39 040 2296090
oder 338 3676498
www.bajta.it

- *Karstküche*
- *Direktverkauf*
- *Zimmer*
- *Terrasse*

Einige sind rosa-schwarz gestreift, andere haben einen hellen Balken in der Mitte und wieder andere sind kohlrabenschwarz. Eines haben die 270 Schweine gemeinsam: sie dürfen in Freiheit aufwachsen – so sehen glückliche Schweine der Brüder Andrej und Nevo Škerlj von der Fattoria Carsica Bajta in Sales aus.

Andrej lädt uns ein, seine *svinje* tief im Karst zu besuchen. Es ist 8 Uhr früh, da lässt es sich an einem heißen Sommertag noch gut aushalten. Zuerst geht es 20 Minuten mit dem Auto Richtung Sales, dann weiter 15 Minuten zu Fuß über Stock und Stein. Andrej öffnet einige Gittertore und kaum hören die Schweinchen unsere Schritte, laufen sie neugierig herbei. „Schweine sind hoch intelligente Tiere, sehr sozialisiert und reinlich", sagt Andrej. Es ist eine besondere Kreuzung aus „Cinto Sloveno", dem schwarzen Schwein, das widerstandsfähig und muskulös ist, und dem rosaroten „Large White", einer englischen Rasse, die das Fett beisteuert. Das ideale Schwein für die karge Karstlandschaft, wo es auf der Suche nach aromatischen Kräutlein ausgiebig laufen muss. „Fett ist ganz wichtig für das

Gelingen des Schinkens. Ohne Fettrand und Marmorierung schmeckt er nicht", ist Andrej überzeugt.

Man sieht es den Tieren an, dass sie sich wohl fühlen. Sauwohl. Die Großen suhlen sich genießerisch im Schlamm kleinerer Dolinen, die Winzlinge suchen aufgeregt die Zitzen der Muttersau, die gleichmütig auf der Erde liegt. 270 Schweine in allen Größen mit entzückenden Hängeohren und Ringelschwänzchen – manche erst ein paar Tage alt. Man könnte noch die Rippen zählen, doch in ein paar Wochen wiegen sie schon das Zehnfache ihres Geburtsgewichts. Die trächtigen Sauen werden in eigenen Koppeln gehalten, damit sie Ruhe haben. Es sind wetterfeste Schweine, die das ganze Jahr im Freien verbringen. „Die Kälte kann ihnen nichts anhaben", antwortet Andrej auf die Frage, was denn im oft rauen Winter, wenn die Bora über den Wald fegt, mit ihnen passiere. „Sie kuscheln sich zusammen und nehmen die Kleinen in die Mitte."

Täglich kommt ein Bursche mit dem Traktor vorbei, der Kübel voller Gerste und Mais bringt. Er wird von den Tieren umringt, denn Kräuter und saftiges Gras

Glückliche Svinje

gibt es im Karst nur im Frühling – dafür dann aber verschwenderisch. „Für die Qualität des Fleisches sind die Kräuter entscheidend." Wenn die Tiere rund 160 Kilogramm auf die Waage bringen, schlägt ihre Stunde. Bruder Nevo wartet schon, dass er die Schenkel zu Schinken verarbeiten kann, der Rest – von den Ohren bis zu den Haxen – wird auch verarbeitet, das Fleisch appetitlich hergerichtet, im angeschlossenen Geschäft verkauft oder im Lokal der Fattoria Carsica Bajta, die Bruder Nevo führt, serviert.

Mit Akribie verfolgt Andrej sein Zukunftsprojekt „L'insolito Maiale" (das ungewöhnliche Schwein). In fünf Jahren will er eine Marke entwickelt haben, um das Karstschwein bekannt zu machen und zu exportieren. „Das Schwein muss im Karst geboren, gefüttert, in Freiheit aufgewachsen und geschlachtet werden", wünscht er sich. Dafür möchte Andrej die Zucht auf 1000 Schweine aufstocken. „Damit können wir den Kunden etwas Besonderes bieten, wo sonst wachsen die Schweine noch in Freiheit auf?" Auch nach Österreich möchte er liefern, denn die Österreicher würden Qualität zu schätzen wissen.

Die Brüder Andrej und Nevo hatten schon früh eine fixe Vorstellung, was sie mit ihrem Leben anfangen wollten: eigene Schweine züchten, Fleisch und Schinken vermarkten, edle Weine keltern, einen Agriturismo führen – und das auf hoher Qualitätsstufe. Beide besuchten die Agrarschule in Cividale als ideale Vorbereitung. Erst vor 14 Jahren wurde

mit dem Bau der Bajta begonnen, der Weinkeller in den Karststein gehauen und die Trocknungsräume für Schinken und Salami gebaut – eine Millioneninvestition.

Nevo zeigt uns den Schinkenraum, wo es verführerisch duftet – sein ganzer Stolz. Eine Hundertschaft wohlgerundeter Schenkel hängen von der Decke, eingerieben nur mit Salz und Pfeffer. Fünf Schweine werden dafür wöchentlich geschlachtet. Auch Mamma Magda, Vater Slavko und Andrejs Frau arbeiten fleißig mit. „Wenn nicht die ganze Familie anpacken würde, könnten wir es nicht schaffen", sagt Nevo. Auch er hat ein Projekt. In der großen Doline vor der Bajta soll ein Weingarten mit Tischen und Bänken entstehen. „Ein Heuriger für unsere Gäste", sagt Nevo und schiebt einen Teller mit noch warmen Grammeln über den Tresen. „Viel gesünder als Chips", ist er überzeugt. Sie schmecken übrigens – die Galle möge es verzeihen – himmlisch. ■

Andrej (links) und Nevo Škerlj in der Fattoria Bajta

Ein Dorf für istrische Fischer

Villaggio del Pescatore – Fischerdorf: eigentlich ein Kunstname für ein Dorf, das vom Reißbrett stammt. Früher hieß es San Marco del Timavo, benannt nach dem Karstfluss, der nach einer unterirdischen Reise von etwa 30 Kilometern, unweit von Villaggio del Pescatore, wieder an die Oberfläche sprudelt, um sich nur knapp einen Kilometer weiter ins Meer zu ergießen.

Bald nach dem Zweiten Weltkrieg errichteten die Italiener den Esuli das Dorf zwischen Duino und Monfalcone. Esuli nannte man die italienischen Istrianer, die aus dem Tito-Jugoslawien vertrieben worden oder geflüchtet sind.

Ab dem Jahr 1955 haben sich rund 200 Fischer-Familien in den kleinen bunten Reihenhäuschen angesiedelt, die alle irgendwie gleich aussehen, nur die Farben und kleinen Vorgärten unterscheiden sich voneinander. Die Fischer konnten damals im Golf von Triest aus dem Vollen schöpfen. In der Fischkonservenfabrik am Ortsende wurden die Fänge gleich verarbeitet. Mittlerweile ist die Adria leer gefischt und die Fischfabrik längst geschlossen.

Stolz auf die Muschelernte

Das hässliche Ungeheuer aus Beton blieb allerdings stehen. Eine Industrieruine, die wohl die Zeiten überdauern wird. Es gibt kein Gesetz, das den Abriss der verlassenen Fabrik vorschreiben würde.

Heute leben noch eine Handvoll aktive Fischer im „Fischerdorf". Villaggio del Pescatore führt, von der Gemeinde Duino-Aurisina nur wenig beachtet, ein beschauliches Eigenleben. Die Pläne für die oft versprochene Gestaltung des Hauptplatzes im Centro storico wurden auf Eis gelegt. Wenn es im Herbst tagelang regnet, steigt der Meeresspiegel bedrohlich an, des Öfteren sogar über die Ufer. In der Bar hängen Fotos aus dem Jahr 1988, als der Hauptplatz unter Wasser stand. Doch für den Hochwasserschutz am Jachthafen mussten ausrangierte Autobahnmittelleitschienen aus Beton herhalten, von denen man noch nicht weiß, ob sie überhaupt schützen. „Ein Provisorium", wie man beteuert. Doch wie man weiß, sind Provisorien in Italien oftmals für die Ewigkeit.

Über 3000 Boote schaukeln in der Marina von Villaggio del Pescatore.

Enrico von der Bar in Villaggio
mit hübscher Serviererin

Dennoch hat Villaggio del Pescatore einen eigenen Charme und vier Wirtshäuser (Da Bruno, Pescaturismo, Baia degli Uscocci und die nur für Mitglieder geöffnete Cooperativa Laguna), eine Bar mit einem kleinen Lebensmittelladen, in dem man praktisch alles fürs tägliche Leben bekommt (auch am Sonntag), einen Fischereizubehörladen und das Fischgeschäft der Familie Deste am Hafen, das auch Fischliebhaber aus Triest anlockt. Weiters gibt es eine moderne Kirche inmitten eines Olivenhains, eine Schiffswerft mit Bootsverleih am Ortsende, ein Museum mit Relikten und Fotos aus dem Zweiten Weltkrieg und einen etwas heruntergekommenen Gymnastikraum. Seit Kurzem hat sogar eine Frühstückspension – „Zum Glücklichen Fischer" (Al Pescatore Contento) – mit drei Zimmern eröffnet.

Zwei Konsortien, Laguna und Polisportiva, verwalten in der Marina rund 3000 Boote und betreuen die Bootsbesitzer, darunter auch einige wenige österreichische.

Im Sommer siedelt im Fischerdorf auch eine erkleckliche Anzahl an *zanzare*, den gefräßigen Gelsen. Touristen wird man in Villaggio del Pescatore nur wenige finden. Nur manchmal verirren sich Besucher in den malerischen Ort, um bei Enrico Caffè und Prosecco um je einen Euro zu trinken. Die Menschen in Villaggio sind in die Jahre gekommen, sind aber äußerst liebenswürdig und hilfsbereit. Täglich wird vor der Bar das Weltgeschehen besprochen und auf die italienische Regierung geschimpft. Ab Oktober sind die Damen, die vor der Bar sitzen, verlässlich in Daunen- oder Pelzmänteln gehüllt, denn der Kalender signalisiert Herbst, egal, wie viele Plusgrade es haben mag.

2010 haben wir in Villaggio del Pescatore ein Häuschen erworben und umgebaut. Doch das ist eine andere Geschichte. ■

Spezialist für Meeresspinnen

Ristorante Il Gabbiano
oder **Da Bruno**
Villaggio del Pescatore/
Ribiško Našelje 103

Tel. +39 040 208145

• *Fisch*
• *Überdachte Terrasse*

Bruno Lescovec ist schon ein älterer Herr. Niemand, außer Touristen, sagen zu seinem Lokal „Il Gabbiano", aber alle sagen „Bruno". Bruno lässt es sich nicht nehmen, die Bestellung selbst aufzunehmen und den Tagesfang zu empfehlen. Er ist zweifelsohne eine Institution. Auch der istrische Kellner arbeitet schon seit vielen Jahren bei ihm und sprudelt, sobald er mit deutschsprachigen Gästen zusammentrifft, eingelernte Redewendungen hervor. „Eins, zwei Polizei ..."

Zum Bruno kommt man vor allem wegen der frischen Fische und der fantastischen Gransevola (Meeresspinne). Als einer der wenigen Wirte tut er sich noch die Arbeit an, die Meeresspinne zu säubern und herzurichten – eine Heidenarbeit. Fertig in der Schale angerichtet, braucht man sie nur noch mit etwas Pfeffer aus der Mühle, Zitrone und Olivenöl abzuschmecken und fertig ist die Köstlichkeit. Zugegeben, sie ist nicht billig, aber ein seltener Genuss.

Die Jachtbesitzer, die im Hafen von Villaggio ihre Boote vertaut haben, lassen sich gerne unter dem schattenspendenden Dach der Terrasse nieder, um sich einen Rombo oder Branzino mit Kartoffeln und Tomaten in der in die Jahre gekommenen Weißblechkasserolle braten zu lassen. Sehr gut sind auch die Spaghetti marinara, mit reichlich Meeresgetier bestückt.

Wenig kreativ sind die Dolci. Über Pfirsiche mit Eis, Zitronensorbetto, das eigentlich ein Zitroneneis ist, und Erdbeeren mit Eis kommt man nicht hinaus. Bruno hat eine überschaubare Anzahl regionaler Weißweine im Kasten. ◾

Der Padrone Bruno Lescovec

Immer weiß gedeckte Tische bei Bruno

„Eins, zwei Polizei ..."

Eliana Minca

Die elegante Padrona

Al Pescaturismo

Villaggio del Pescatore/
Ribiško Našelje 83

Tel. 39 040 209846
oder +39 339 6390473
www.alpescaturismo.it

- *Fisch*
- *Terrasse direkt*
  am Meer

Eine Fischersfrau stellt man sich anders vor. Signora Eliana Minca ist eine elegante Dame. Ihre Haare, in der Farbe des glühenden Sonnenballs von Villaggio del Pescatore, sind immer perfekt frisiert und die farbenfrohe Mode entspricht der einer italienischen Lady. Solcherart gestylt nimmt Eliana die Bestellungen ihrer Gäste im Pescaturismo am Ortsrand von Villaggio del Pescatore auf – dort, wo die mit Schlaglöchern übersäte Makadamstraße endet und wo vor 5 Millionen Jahren Dinosaurier Antonio hauste.

Die Lage ist wie im Bilderbuch. Tische, Bänke und Schirme stehen unmittelbar am Wasser. Bedächtig ziehen die Schiffe vorbei, die in die Marina ein- und ausfahren. Am Abend kann man der Sonne beim Versinken zusehen. Selbst wenn die Bora ihr Unwesen treibt, ist die Aussicht durch die große Fensterfront eindrucksvoll.

Es war der erste „Ittiturismo" Italiens, den Eliana und Mario Minca mit den sympathischen Töchtern Eleonora und Francesca im Jahr 2002 errichtet haben. Mittlerweile gibt es einen weiteren in Muggia und einen in Sardinien. Für diese Eigenheit eines Agriturismo für Fische und Meerestiere musste ein neues Gesetz geschaffen werden, wonach 40 Prozent der Produkte aus eigener Erzeugung stammen müssen, der Rest darf bei Produzenten der Umgebung zugekauft werden. In diesem Fall: das Mehl aus Lauzacco, die Eier aus Savogna, die Venusmuscheln aus Marano, der Wein aus dem Karst und dem Collio. „Vor allem aber muss garantiert werden, dass nichts Tiefgekühltes in der Küche verarbeitet wird", erklärt Eliana. 240 Tage im Jahr dürfen die Mincas für ihre Gäste aufkochen, wann, darf aber sehr flexibel entschieden werden. Im Februar ist geschlossen. Im Juni, Juli, August ist das Lokal von Mittwoch bis Sonntag geöffnet, während des restlichen Jahres von Donnerstag bis Sonntag.

„Wir sind eine Kooperative von zehn Muschelfischern", erzählt Eliana, darunter auch ihr Mann Mario. Vor dem Haus liegt Marios Sammelstelle für Cozze. Die Triestinerin sagt allerdings nicht *cozze* zu den schwarzen Muscheln, die auf den Muschelbänken vor Ginestre im Golf von Triest gezüchtet werden. In der Küstengegend heißen sie *mitili,* in Triest *pedoci.* Mitili, die frischer nicht sein könnten, sind die Spezialität des Pescaturismo. Hier bekommt man sie ausgelöst und gebacken. „*Mitili impanati* bekommt man nur bei uns, denn das Öffnen der Schalen macht sehr viel Arbeit", weiß sie. Natürlich bekommt man sie auch „alla scottadeo" (in Weinsauce), außerdem als „zuppetta" (mit Tomaten) oder mit *Orzotto mantecato* (Rollgerstenrisotto).

Was ist das Besondere an den Mitili? „Hier ist das Wasser sehr salzig, das gibt den Muscheln den besonderen Geschmack." Die behördlich besiegelte Wasserqualität „A" betont sie besonders.

„Muscheln sind wie Babys, sie brauchen neun Monate, bis sie fertig sind", lacht Eliana. Fertig sind die Mincas und die Mitarbeiter oft erst um Mitternacht. Denn laue Sommernächte lassen sich nirgends so angenehm verbringen wie hier. Wenn alle Gäste verköstigt sind, fährt sie nach Hause in ihre Wohnung an der Piazza Unità in Triest. Und es verwundert nicht – Eliana ist immer noch wie aus dem Ei gepellt. ■

Eliana Minca ist die eleganteste Wirtin und Fischersfrau weit und breit.

Die Sache mit der Bürokratie

Ein Haus in Italien zu kaufen, ist nicht schwer, es umzubauen dagegen sehr. Hat man einen Notar, einen italienisch sprechenden „Prokuristen" und Bargeld, geht der Verkauf schnell über die Bühne.

Will man das erworbene Objekt aber umbauen, wird es schwierig. Denn die Bürokratie in Italien ist ärger als die in Österreich, und das will etwas heißen. Man kommt aber auch mit einer Besonderheit der Italiener in Berührung, die man hierzulande nicht kennt: dem Willen zum Improvisieren und der Lust, dem Amtsschimmel ein Schnippchen zu schlagen.

Bevor der Vertrag rechtsgültig wird, müssen die drei Verkäufer noch einen Windfang legalisieren, für den sie vor 45 Jahren eine Baugenehmigung eingereicht, aber nie bekommen haben. Die Bewilligung dauert dann drei Wochen, die Rechnung über 249 Euro kommt drei Tage später.

Ohne Geometer geht gar nichts. Er ist die Hauptperson bei einem Umbau, zeichnet die Pläne, reicht sie bei der Gemeinde ein und erklärt einem episch, was nicht geht.

Weil Villaggio del Pescatore ein *centro storico* sei, dürfen Fenster und Türen nicht vergrößert oder verändert werden, die Innenwände müssen gleich bleiben und die Farbe der Hauswand müsse sich nach der Farbpalette „Colori di Trieste" halten. Ob sich der Nachbar mit der speibgrünen Farbe an der Fassade auch an den Farben Triests orientiert hat?

Und dann die Sache mit der Mauer. Vor dem Reihenhäuschen hatten die Vorbesitzer aus unerfindlichen Gründen eine Mauer errichtet. Drei Meter hoch und potthässlich. Mauer ging für uns gar nicht. Nirgends und schon gar nicht 50 Meter von der Marina entfernt. Also weg damit.

Der Gemeindebeamte, der konsultiert wurde, studierte die Pläne, wiegte bedeutungsschwer den Kopf hin und her und überlegte angestrengt mit krauser Stirn. Die Mauer gehöre bereits zum Ortsbild, und überhaupt. Plötzlich wehte die berühmte Bora durch seinen Kopf und schenkte ihm einen Geistesblitz. Es könnte ja sein, sagte der Signor Ufficiale, dass eben diese Bora, die mitunter mit 160 Stundenkilometern durch die Dörfer braust, Steine in der Mauer lockert. Diese könnten herabfallen und die neuen Bewohner verletzen. Wer will das schon? Wir untermauerten diese Bedrohung mit ernsten Mienen. In diesem Sinne wurde dann die Bittschrift an die Gemeinde formuliert, die Mauer doch abreißen zu dürfen. Was auch nach vier Monaten prompt bewilligt wurde – nachdem die Mauer schon lange abgetragen war.

Der Umbau gestaltete sich dann doch umfangreicher als gedacht. Eigentlich blieben vom einstigen Haus nur noch die Außenwände. Ennio, der Generalunternehmer, ein ehemaliger Elektriker, war ein Tausendsassa. Sein Gehilfe Gigi kam aus Rumänien und gab vor, alles zu können. Ein Wunder, dass nach 24 Monaten ein leidlich ordentliches Ergebnis herauskam.

Bis auf den Abfluss der Klimaanlage, der statt nach unten nach oben zeigte. Bis auf die Fliesenfugen, die eine falsche Farbe hatten, bis auf die Türe des Verteilerkastens, die nie kam, und viele andere Dinge, die bis heute nicht fertiggestellt worden sind.

Wann denn die Arbeiten fortgeführt werden, fragten wir, wenn Ennio und Gigi nach dem Mittagessen Feierabend machten. „Domani", lautete die immer gleiche Antwort. Begleitet von einem Achselzucken. Manchmal dauerte das „Morgen" eine Woche.

Ennio und Gigi sind uns ans Herz gewachsen, sie waren stets freundlich und manchmal voller Ideen, dennoch wandten wir uns später an Handwerker aus Slowenien, die verlässlich erschienen, und Firmen, die aus Kärnten kamen und österreichische Qualitätsarbeit lieferten. Sie bauten unter erstaunter Bewunderung Ennios in Windeseile Fenster ein, strichen die Hauswand mit einer Farbe, die den Colori di Trieste einigermaßen gerecht wurden, und verschwanden nach drei Tagen, ohne die langwierige Genehmigung für die Aufstellung eines Gerüsts einzuholen.

Wir glaubten es kaum, aber irgendwann waren die Umbauarbeiten abgeschlossen. Wir zogen in Nummer 62 ein, sind seither glücklich mit dem Reihenhäuschen und sagen uns bei jeder Gelegenheit, was wir beim Umbau heute anders gemacht hätten. Eigentlich alles. ■

Die Häuschen in Villaggio sind in ein und demselben Stil erbaut, nur die Farben variieren.

Der Besuch der Weißen Dame

Alla Dama Bianca
Via Duino 61a
Duino Hafen/Devin

Tel. +39 040 208137
www.alladamabianca.com

- *Fisch*
- *Terrasse direkt*
  am Meer
- *Zimmer*

Wie schon der Name vermuten lässt, ist bei der „Dama Bianca" alles in Weiß gehalten. Als Hommage an das Meer gibt es aber auch blaue Akzente. Das Restaurant im kleinen Hafen von Duino hat wohl einen der schönsten Plätze der Region gepachtet. Wenn man an einem meerseitigen Tisch sitzt, atmet man den Meeresduft und die salzige Luft ein und freut sich, so einen wunderbaren Platz gefunden zu haben. Die Freude geht weiter, wenn einer der freundlichen Kellner den Hauswein – einen perlenden Friulano – einschenkt, der mit der Sonne um die Wette glitzert. Der Weinkarte sollte man dennoch einige Blicke schenken, denn sie enthält Raritäten aus den umliegenden Weingebieten. So hat man immer auch einige Flaschen des wunderbaren „Grace" von Ivi und Edvard Svetlik auf Lager. Ein besonderer Wein aus der Rebula-Rebe, der auf den sonnenverwöhnten Hängen des Čaven oberhalb des Dorfes Kamnje wächst.

Ja, und das Essen bei der weißen Dame ist eine Kategorie für sich. Was auch immer auf den blütenweiß gedeckten Tisch kommt – es ist meeresfrisch und elegant zubereitet. Ob Meeresfrüchte gratiniert und roh mit Zitrone und gutem Olivenöl mariniert, ob Jakobsmuscheln gratiniert oder das auf die Sekunde genau zubereitete Risotto mit Meerefrüchten oder Spargel – vor dem Koch der Dama muss man sich verneigen. Und erst das Fritto misto: so frisch, so knusprig und in einem dünnen Teig in feinem Öl ausgebacken.

Zugegeben, die Gerichte bei der Dama sind eher hochpreisig, doch man akzeptiert den „Zuschlag für den hervorragenden Platz". Wer nicht mehr nach Hause fahren will, findet im ersten Stock ein paar Zimmer. In der Früh wird man dann mit einem faszinierenden Blick aus dem Fenster belohnt. Man sollte sich aber nicht zu weit hinauslehnen, weil sonst geht es einem wie der adeligen „weißen Dame", die sich aus Kummer über ihren eifersüchtigen und brutalen Ehemann vom Felsen des nahen Schlosses Duino stürzte. ■

Mahlzeit direkt am Meer

Kulinarischer Ritt auf dem Seepferdchen

Locanda Al Cavalluccio
Via Duino 61 D
Duino Hafen/Devin

Tel. +39 040 208133
www.alcavallucio.net

- *Fisch*
- *Große Terrasse*

Kaum wärmen die ersten Sonnenstrahlen die Terrasse der Locanda Al Cavalluccio im pittoresken Hafen von Duino, sind die Tische von Kärntnern und Steirern eingenommen. Wenn man alte Bekannte sehen will, im Cavalluccio trifft man sie bestimmt. Das „Seepferdchen" ist aber auch ein besonders charmantes Restaurant. Durch die Blütenranken der Pergola sieht man das blaue Meer schimmern, das eine Fülle herrlicher Meeresfrüchte verheißt. Die Zuppa aus Mies- und Venusmuscheln mit viel Knoblauch ist so ein duftender Gruß vom Meer. Sie kommen, so versichert der Chef, direkt von den nahen Muschelbänken im Golf von Triest. Man möchte gar nicht aufhören, die pikante Sauce mit Brot aufzutunken. Dass die Spaghetti Frutti di mare oder die Tagliatelle mit Astice (Languste) köstlich sind, versteht sich eigentlich von selbst, dass auch die einfachen Spaghetti pomodoro schmecken, zeugt für eine Küche, die sich auf allen Ebenen um Qualität bemüht. Branzino, Orata, Rombo schmecken am besten, wenn sie aus dem Ofen kommen – im Olivenöl schmurgeln Kartoffeln und Pomodorini mit dem Fisch. Größere Exemplare

versteckt der Küchen-Maestro am liebsten im Salzteig, den er dann effektvoll vor den Augen der Gäste mit dem Hammer in Stücke klopft, um den saftigen Fisch freizulegen.

Das Cavalluccio sei gemütlicher als der Nachbar „Dama Bianca", sagen Kenner. Das ist Geschmackssache, sagen wir. Wer nach dem Essen in die Meeresfluten steigen will, *ecco,* nur zu: Ein kleines Strandstück kann man, ohne Eintritt zu bezahlen, so betreten. Man braucht nur ein Handtuch und das Badezeug. ■

Gutes Essen und Traumblick bei Cavalluccio

Freundliche Nachbarn

Mit Mariucca teile ich den Friseur in Monfalcone, Maria ist so freundlich und gießt die Blumen und Stella, der Dorfhund, kommt regelmäßig zu Besuch, um österreichische Hundekekse zu naschen. Sie alle sind Bewohner von Villaggio del Pescatore.

„In Italien ist man nicht sicher." Alles, was nicht niet- und nagelfest ist, werde geklaut. Wer so etwas sagt, kennt die Gegend um Duino nicht oder hat keine Nachbarn. Wir haben wunderbare Nachbarn: Marisa und Paolo. Sie wachen mit Argusaugen über das Haus wie über ihr eigenes. Die Gartentür ist immer offen, die Gartenmöbel stehen Jahr und Tag im Freien und auch der Griller ist nicht angekettet. Außer ein paar reifen Zitronen ist noch nichts abhanden gekommen.

Sie winken schon von Weitem, wenn wir in den Ort einfahren und erzählen uns, was es Neues gibt. Paolo schaltet einen Tag vorher die Gasheizung ein, damit es schon warm ist, wenn wir ankommen, und Marisa sammelt die Rechnungen, die uns regelmäßig ins Haus flattern. Sie wissen immer wertvolle Adressen: Wo wir den Fiat 500 richten lassen können, wenn der Vergaser streikt, wo es schöne Vorhänge gibt und wo man günstig Gemüse kauft. Sie kennen den Cousin des Bruders vom Gasmann und den örtlichen Carabiniere, der gleichzeitig ihr Weinlieferant ist. Als es vor ein paar Jahren unaufhörlich regnete und das Meer über die Ufer zu treten drohte, läutete unser Nachbar um sieben Uhr früh. „Acqua alta", rief er und bat um unseren Autoschlüssel. Dann stellte er den Wagen in einer höheren Lage ab, damit ihm das Salzwasser nichts anhaben konnte. Und wenn die Bora im Winter bedrohlich bläst, schreibt uns Marisa eine warnende SMS. Beide lieben den Winter, daher kommen sie auch auf Besuch, wenn man in Bad Kleinkirchheim Ski fahren kann.

Paolo ist der Präsident des Nautikklubs Polisportiva San Marco und nennt ein Segelboot sein eigen. Er und seine Frau nehmen uns manchmal mit in den Golf von Triest zum Baden. Das sind dann herrliche Nachmittage unter Segeln auf dem Meer.

Der nächste Nachbar ist Enrico, Besitzer der örtlichen Bar. Ohne den wortkargen Burschen wäre Villaggio del Pescatore um einiges ärmer. Denn die Bar ist so etwas wie das „soziale Zentrum" des Ortes. Dort gibt es nicht nur einen Nero und ein Glas Prosecco um einen Euro, er betreibt auch einen winzigen Laden, in dem es auf seltsame Weise alles gibt, was man sieben Tage pro Woche zum täglichen Leben braucht: frisches Brot von zwei verschiedenen Bäckern, Mortadella, Schinken, Käse, süße Backwaren, manchmal frisch produzierte Gnocchi oder Thunfischaufstrich, Milch in verschiedenen Sorten, sogar Soja- und Mandelmilch, Aromen zum Backen, Mehl, Eier, Zeitungen und Tabs für den Geschirrspüler. In der Gefriertruhe lagern Minestrone und Lasagne. Wie in einem gut sortierten Supermarkt. Enricos Laden ist ein Phänomen!

Nicht zu vergessen die Familie Deste, die das kleine Fischgeschäft im Hafen betreibt. Hinter der Virtrine türmt sich alles, was gut und frisch ist: Scampi, Muscheln, Branzino, Orata, Dentice, Calamari, Rombo, im Aquarium dümpelt hin und wieder ein Hummer. Sohn Diego und zwei Damen in weißen Gummistiefeln putzen auf Wunsch die Fische, nehmen sie aus und verraten, wie man sie am besten zubereitet.

Und dann sind da noch der Gemüsehändler, der auf Fischereizubehör umgesattelt hat, und die Società Nautica Laguna mit ihren freundlichen Mitarbeiterinnen Lilli und Sara. Dort trifft man übrigens den Präsidenten der Nautica Laguna, Alberto, und den Direktor des kleinen örtlichen Museums – Claudio versorgt uns mit geschichtlicher Literatur der Region, als sie noch zu Österreich gehörte, und das Museum selbst erwartet seine Besucher mit verstaubten Relikten aus dem Ersten Weltkrieg.

Nur Adriano, der elegante Triestiner und begeisterte „Altösterreicher" mit k. u. k. Wurzeln, kommt nur noch selten mit seiner Frau Nancy. Im Vorjahr hat er sein stolzes Segelschiff an einen Österreicher verkauft. ∎

Marisa und Paolo, unsere netten Nachbarn

Sommerstimmung in Blau-Weiß

Acquapazza
Parco Caravella
Baia di Sistiana/Sesljan

Tel. +39 339 4053733

• *Fischküche*
• *Terrasse am Meer*

Wäre man nicht wissentlich in Italien, man würde sich in Griechenland wähnen. Auf der großen Terrasse der Fisch-Osteria ist alles in Blau-Weiß gehalten: Tische und Stühle, Tischläufer, Servietten und natürlich das Meer fast zu Füßen. Himmelstrebende alte Zypressen, der Blick auf die Bucht von Sistiana und der freundliche Italienisch sprechende Kellner holt uns zurück an die Adria. Das mediterrane Gefühl, so nah am Wasser zu schmausen, bleibt jedoch und breitet sich – je länger man dort sitzt – in ein südliches Wohlgefühl aus. Die chillige Sambamusik und die feine Fischküche tragen dazu bei. Die blau-weiße Speisekarte birgt einige Überraschungen, die man von einem Strandlokal eigentlich nicht erwartet. Thunfischtatar, roh marinierte Meeresfrüchte, Fischbrötchen für den kleinen Hunger und drei Sorten von Fritto misto. Man kann sich die Fischqualität aussuchen. Es ist auch nicht verkehrt, sich an den Tagesfang zu halten. In unserem Fall eine wunderbare Dentice (Zahnbrasse). Auch die Salatschüssel enthält alles, was wie frisch aus dem Garten scheint – so ist es in Italien zum Glück überall üblich.

Der Chef persönlich rührt die Creme für das Tiramisu. Es ist ein Traum aus Zucker und Mascarpone. Rum und Kaffee sind zurückhaltend dosiert. Es gibt aber zur Auswahl noch Fruchtsalat mit Eis, Mascarponecreme oder Millefoglie mit Himbeeren – wie in einem noblen Restaurant.

Ein Schlückchen, denn mehr ist es nicht, vom San-Giusto-Caffè – allerdings ein Schlückchen Kaffee mit der Kraft einer ganzen Kanne – und der muntere Badetag am Strand von Sistiana kann weitergehen (oder in einem zufriedenen Schläfchen münden). ■

Bevorzugter Platz in Blau-Weiß im Parco Caravella/Sistiana.

Was das Baden mit dem Essen zu tun hat?

Sie sind alle wieder da. Das ältere Ehepaar, das auch im Winter seine Bräune nicht verliert, die Dame, die nur Wasser aus der Sprühflasche auf ihren Körper lässt. Der Herr aus dem Staatsdienst, der die Badehose weit über den Nabel gezogen trägt, der Professor, der sich in seine Schriften vertieft, oder die sportliche Signora, die im Neoprenanzug ihre Runden dreht. Sie alle machen auch am Strand bella figura. Vor allem gilt es, den begehrten Bronzeteint aufzubauen – koste es, was es wolle.

Bereit zum Sonnen: Am Plateau im Bad Caravella kann man Liegen und Schirme mieten.

Der Strand von Sistiana Caravella ist nicht, wie man sich einen Strand an der Adria vorstellt. Weit und breit kein Sandkörnchen, dafür aber ungezählte Steinchen, die sogenannten Sassolini. Im Norden ragen steile Felsen, die berühmten Falesie, auf. Wenn Kletterer in Badehose und Sneakers die steilen Wände emporturnen, sorgt das für Aufsehen unter den Badegästen am Strand. Sie zücken ihre mitgebrachten Ferngläser und besprechen wortreich den Mut der Sportler.

Hier ist das Wasser auch nicht flach, wie in Lignano, sondern gleich einmal tief, blau und klar. Nach Sistiana Caravella verirren sich kaum Touristen, höchstens ein paar Gäste vom Campingplatz Sistiana, aus Gorizia/Görz oder Ljubljana/Laibach. Auf einem kleinen Hochplateau unter den Falesie kann man Liegen und Schirme auch für die ganze Saison mieten. Ungehinderter Meerblick inklusive. Es herrscht von der Badeordnung verordnete Ruhe: „Keine Musik aus dem Radio, keine Hunde und kein lautes Kreischen bitte."

Begeisterte Schwimmer sind die wenigsten. Höchstens im August, wenn die Sonne unbarmherzig vom blauen Himmel brennt, geht man ins Wasser.

Typisch der Herr im mittleren Alter, der verzweifelt nach seiner Mamma ruft, weil ihm das Wasser über den Bauch reicht. Die meisten stehen in Grüppchen, lassen sich von den Wellen umspülen und unterhalten sich lautstark. Worüber? Natürlich über das Essen. Welche Osteria gerade angesagt ist, wo es den besten Fisch, Prosciutto, Käse gibt und welche Osmiza im Karst gerade geöffnet hat. Zwei Herren tauschen sich über Pasta-Rezepte aus und besprechen detailreich die Vorzüge der italienischen Küche.

Um Gesagtes wahr werden zu lassen, öffnen sie Schlag ein Uhr die mitgebrachten Kühlboxen, schieben ihre Liegen zusammen und beginnen auszupacken. Die Truhe dient, mit weißer Serviette bedeckt, als Tischchen. Darauf türmen sich dann Salate in Frischhaltedosen, in Scheiben geschnittener Braten, frisches Weißbrot und als Nachspeise Obst oder Fruchtsalat. Den Caffè holt man in kleinen Plastikbechern an der Bar. Das obligate Schläfchen, begleitet von einem Schnarchtremolo, ist dann wohlverdient.

Draußen an der Spiaggia pubblica, dem öffentlichen Strand, pulsiert das Leben. Kinderreiche Familien haben sich schon frühmorgens ihr Revier unter den wenigen Bäumen mit Decken abgesteckt und den gesamten Spielzeugvorrat von zu Hause ausgebreitet. Gegen Nachmittag ist kaum ein freies Plätzchen mehr zu finden. Hier hätte die Badeordnung keine Chance.

Wenn dann der knurrende Magen das nahende Abendessen anzeigt, machen sich schlagartig alle Strandbesucher gleichzeitig auf den Weg. Eine durchgehende, hysterisch hupende Kolonne von Sistiana Mare auf die Hauptstraße ist die Folge. Die einen streben heim zur Mamma, die schon das Abendessen vorbereitet, die anderen zieht es in die stylische Cohiba-Lounge, wo die Post abgeht. Mopedisti schlängeln sich todesmutig an der Autokolonne vorbei und einige Sportliche machen sich zu Fuß auf den Weg durch den Wald nach oben.

Ende September ist dann der Zauber vorbei. Dann gilt es nur noch, die Bräune bis zur nächsten Saison zu konservieren. ▪

Drei Nüsse und viele Fische

Osteria Tre Noci
Frazione Sistiana 33
Sistiana/Sesljan

Tel. +39 040 299222
www.trenoci.it

• *Fischküche*
• *Terrasse*
• *Zimmer*

Emiliano, Maria, Alice – eine italienische Familie, wie sie im (Koch-)Buch steht. Über Emiliano, den Hausherrn, wurde viel geschrieben, kochte er doch sehr engagiert im Karstrestaurant „Il Pettirosso" an der Hauptstraße zwischen Aurisina und Santa Croce. Doch der begnadete Koch hat sich Richtung Meer begeben. Genauer gesagt nach Sistiana, wo die Familie die hübsche Osteria Tre Noci (Drei Nüsse) am Ortsende übernommen hat. Gute Entscheidung, denn die Lage ist um einiges besser und das Steinhaus hat einen eigenen Charme. (Das neue „Pettirosso" in Santa Croce hingegen ist nicht mehr empfehlenswert.)

Mit Emiliano ist das Tre Noci ein angenehmes Fischlokal geworden, in das man gerne einkehrt. Ehefrau Maria und Tochter Alice erklären, was er gerade frisch vorrätig hat. Einen großen Branzino, den er in Salzteig stecken könnte, oder einen Rombo, schön gebraten in der Aluminiumpfanne mit Kirschtomaten und Kartoffelwürfeln mit Rosmarin.

Vorher müssen wir aber noch den Polposalat, die Crudi – rohe Fische und Meeresfrüchte –, nur mit

Maria filettiert kunstgerecht den aromatischen Fisch.

Zitrone und Olivenöl mariniert, und die gratinierten Capesante probieren. Wenn die Trüffelzeit gekommen ist, raspelt Maria einen Berg schwarze Tartufi (Trüffel) auf selbst gemachte Tagliatelle. Bald erkennt man, dass man es mit einem der ambitioniertesten Fischköche der Gegend zu tun hat. Leider ist die Auswahl an Dolci nicht sehr üppig.

Ab Mai kann man es sich auf der Terrasse hinter dem Haus gemütlich machen. ◼

Vanille und Fisch

Restaurant Vanilija à la carte
Hotel Eden
Sistiana/Sesljan 41 A

Tel. +39 040 2907042
www.edensistiana.it

• *Fisch und Fleisch*
• *Gastgarten*
• *Zimmer*

Das Restaurant mit dem eigenwilligen Namen ist im Erdgeschoß des Hotels Eden untergebracht, dem netten, komfortablen Hotel mitten in Sistiana. In der Vergangenheit haben die Köche gewechselt wie die saisonale Speisekarte, doch jetzt scheint Kontinuität eingekehrt zu sein.

Es ist bequem, dort zu essen, wenn man im Hotel Quartier bezogen hat. Die Gerichte variieren saisonal und sind kreativ inspiriert. Vor allem bei den Fischvorspeisen und den Desserts lässt der Koch seine Fantasie spielen.

Die Konkurrenz ist allerdings groß. Links und rechts des Hotel-Restaurants liegen zwei beliebte Fischlokale, die meistens gesteckt voll sind, was man vom Vanilija trotz seiner guten Qualität nicht behaupten kann. Dennoch kann man sich in dem modern gestylten, rosenumrankten Garten oder im Designrestaurant sehr wohl fühlen und sich ausgiebig den Küchengenüssen hingeben, auf die wirklich viel Engagement verwendet wird.

Der Koch komponiert ein kreatives Fisch- oder Fleischmenü – je nach Gusto. Die Gerichte sind um einiges leichter als bei den Nachbarn. Einziger Minuspunkt: Die Weine aus der Region sind hochpreisig. ■

Rosenranken vor dem Restaurant Vanilija im Hotel Eden in Sistiana.

Gaumenfreuden hinter der Mauer

Locanda Gaudemus
Sistiana/Sesljan 57

Tel. +39 040 299255
www.gaudemus.com

- *Fisch und Fleisch*
- *Zimmer*

Der Zutritt in das Restaurant ist wenig einladend, da es durch eine zugegebenermaßen schöne Mauer aus Karststeinen und einer Türe aus stylischem rostigen Eisen von der Straße getrennt ist. Selbst wenn in der Locanda nichts mit Meerblick ist, die „Hürden" sollte man dennoch überwinden, denn dahinter tut sich eine kulinarische Oase auf, über die man sich mit allen Sinnen freuen kann. Kenner bezeichnen das Gaudemus als eines der besten Fischlokale Oberitaliens. Für Fans von Design und kreativer Fischküche ein Eldorado. Hätte es zu Rilkes Zeiten schon Claudio Lauritanos Küche im Gaudemus gegeben, wäre Rilke wohl zu einer weiteren Elegie (vielleicht einer kulinarischen) inspiriert worden. Nur fünf Autominuten vom Gaudemus entfernt, schlängelt sich der Rilke-Weg die Küste entlang.

Bald wird sich der Tisch vor Köstlichkeiten biegen.

Bei der Einrichtung wird alt und neu gemischt, die Küche orientiert sich an der Nouvelle Cuisine und an traditionellen Elementen. Die Lachs-Maki sind eine zeitgemäße Kreation, das Baccalà (Stockfischmus) hingegen verbeugt sich vor der Tradition. Man kann es kaum besser machen.

Äußerst reduziert und dadurch eine fischige Geschmacksexplosion am Gaumen ist das Thunfischcarpaccio, das nur mit Karstkräutern, gutem Olivenöl und Zitrone mariniert wird. Thunfisch-Burger mit Wasabi folgt auf gegrillte Tintenfische mit Mozarellacreme. Auch das Auge hat reichlich Grund zur Freude mit den hübsch angerichteten Kreationen.

Alles ist beim Gaudemus selbst gemacht: das warme Brot, die Pasta, die Gnocchi, die Marmeladen (Peperoncino-Marmelade wird zum Fritto misto gereicht), die Süßigkeiten.

Die ausgesuchten Weine der Region schenkt der Wirt glasweise aus. ■

Trotzdem italienisch

Fish House
Sistiana/Sesljan 43

Tel. +39 040 2907203
www.clis.it

- *Terrasse*
- *Fischküche*

Frischer Fisch im Fish House

Der neue Besitzer dieses Hauses mitten in Sistiana beweist zwar italienischen Geschmack beim Design, er hat aber im schönen Italien eine Vorliebe für Anglizismen. Sein Caffè nebenan hat er bereits „Why not" genannt, das Fischrestaurant, das er im Mai 2016 übernommen hat, heißt Fish House. Nun, why not – wenn die Qualität stimmt.

Schirme mit integrierter Beleuchtung, die hübsche Einrichtung mit schwarzen Metalltischen, türkisen Stühlen und hellgrauen Wänden und Fußboden beweist durchaus Geschmack.

Das Lokal war in letzter Zeit eher heruntergekommen gewesen und sah wie eine billige Fischbude aus. Seit es den neuen Hausherrn hat, strömen auch viele Einheimische dorthin. Nicht nur, weil sie den Padrone kennen, sondern weil man hier wirklich gute Fischgerichte bekommt.

Am besten, man beginnt mit kalten Vorspeisen. Sie sind eine Komposition aus Alici marinati mit wildem Fenchel aus dem Karst, der Schwertfisch ist mit Orangensaft mariniert .

Sehr liebevoll und besonders, in einem Drahtkörbchen, ist das Fritto misto angerichtet. „Das beste Fritto an der Küstenstraße", verspricht der Chef. Wir haben es auf das Benchmark nicht ankommen lassen, glauben ihm aber, denn es schmeckt in seiner Vielfalt tatsächlich wunderbar.

Der schlanke Branzino vom Grill ist gut gemacht und das rosa gebratene Thunfischstück mit mitgebratenen Nüssen, Pistazien und Akazienhonig eine feine Komposition.

Semifreddo, Torta di ricotta aus dem Karst, Tiramisu, Millefoglie mit frischen Erdbeeren gibt's als Nachtisch. Und für alle, die keinen Fisch mögen, hat das Fish House auch ein Wiener Schnitzel bereit, das natürlich Bistecca alla milanese heißt, eine Pasta al ragù oder pomodoro und eine Bistecca vom Grill. ■

Portopiccolo, Kunststadt am Meer

www.portopiccolo
sistiana.it

Wenn man auf dem marineblau-beige gestreiften Teppich in den Gängen wolkengleich dahinschwebt, fühlt man sich wie auf einem Luxuskreuzfahrtschiff. Das ist auch so gewollt. Denn die Architekten Lazzarini und Pickering, die das Falisia Resort & Spa Hotel in Portopiccolo geplant haben, hatten ihre Inspiration beim Stararchitekten Gio Ponti gefunden, der Ende der 1920er-Jahre italienische Luxusliner designt hat. Das stylische Interieur in den Farben Blau, Gold, Weiß und Beige erzählt von italienischer Designkunst und perfektem Handwerk.

Die Starwood Group hat das Management des Luxushotels („Luxury Collection") direkt am Hafen von Portopiccolo übernommen. Damit befindet sich das Fünfsterne-Plus-Hotel La Falisia in bester Gesellschaft mit dem Gritti und dem Danieli in Venedig. „Es ist das einzige Hotel in dieser hohen Kategorie in der ganzen Region", berichtet Marketingmanagerin Marilena Conticelli stolz. Geschäftspartner der Firmen Fincantieri, Generali oder Illy und auch betuchte Urlauber schätzen den neuen Komfort in den 55 Zimmern und Suiten sowie im exklusiven Spa. Zumindest in der Hauptsaison passt die Preisdurchsetzung. In den Randsaisonen kann man mit etwas Glück den Fünfsterneluxus zu Dreisternpreisen genießen.

Die Medien überschlugen sich in Lobeshymnen, als 2011 „Klein-Monaco" vom Reißbrett in den einstigen Römersteinbruch von Sistiana gebaut worden ist – nach rund 20 Jahren Genehmigungsverfahren. Portopiccolo, der kleine Hafen bei Sistiana, machte Furore. 420 Wohneinheiten in Terrassenwohnungen und Villen im Stil eines authentischen italienischen „Borgos", also eines Dorfs, entstanden in der kahlen

Alle Apartments bieten eine herrliche Aussicht auf das tiefblaue Meer.

Felslandschaft am Ende des Rilkeweges – ein Meisterstück der Baukunst des friulanischen Baukonzerns Rizzani de Eccher.

Die rund 400 Millionen Euro teure Investition sollte durch den schnellen Verkauf der exklusiven Wohnungen am Meer wieder verdient werden. Doch die Wirtschaftskrise forderte ihren Tribut, nicht alle Apartments konnten bis dato an eine entsprechend betuchte Klientel gebracht werden. „Etwa 30 Prozent der Wohnungen sind noch zu haben", weiß Kommunikationschefin Camilla Borz.

Am Strand von Portopiccolo badet man nobel. Die Miete für Schirm und Liege ist nicht ganz billig.

Wer sich in der künstlichen, aber durchaus charmanten Anlage ein Apartment zum Preis von 8 000 bis 10 000 Euro pro Quadratmeter leistet – die Einheiten sind zwischen 45 und 700 Quadratmeter groß –, bekommt einen atemberaubenden Blick auf den Golf und eine komplette Infrastruktur mitgeliefert: vier Restaurants, Bars, ein Lebensmittelgeschäft, eine Bäckerei, exklusive Geschäfte, 72 Lifte, eine unterirdische Parkgarage, einen weitläufigen Privatstand, ein Spa mit imposantem Wellnessangebot, einen Jachthafen, ein Kongresszentrum und Rund-um-die-Uhr-Service. Alles sehr hochwertig und exklusiv. Mittlerweile haben die Karstpflanzen die Anlage begrünt, Pinien, Lavendel und Rosmarin verströmen einen betörenden Duft und an die Nachbarn – meist betuchte Italiener, Österreicher, Deutsche, Russen, Briten – hat man sich mittlerweile gewöhnt.

Wer sich wenigstens einen Tag der Illusion hingeben möchte, zu den residenti zu gehören, sollte Portopiccolo so oft wie möglich besuchen, das ist vom Management durchaus gewollt. Die Anlage ist ganzjährig geöffnet. Schon eine Nacht im Luxushotel, das in der Nebensaison durchaus günstige Tarife anbietet, ist ein Erlebnis. Es gibt immer wieder Events und Konzerte, man kann durch die Via delle botteghe schlendern, Eis essen, Cocktails an der Strandbar trinken, am Ponton chillen oder den ganzen Tag am Strand verbringen. Unter weißen Schirmen und auf gepolsterten Liegen. ■

Stolze Jachten im Hafen von Portopiccolo und im Zentrum das Luxushotel „Falisia".

Erste Reihe fußfrei

Restaurant Maxi's

Portopiccolo
Sistiana/Sesljan

Tel. +39 040 9977777
www.portopiccolo
sistiana.it

• *Fisch und Fleisch*
• *Terrasse*

Das ist ein Wow-Restaurant: herrlicher Platz, stylisch eingerichtet, gepflegter Service und ausgezeichnete Küche. Das Restaurant Maxi's nah am Molo des neu errichteten Borgo Portopiccolo. Hier gönnen sich die Bewohner und Besucher der Anlage eine leichte Mittagsmahlzeit, am Abend kommen dann die Genießer, die an weiß gedeckten Tischen Platz nehmen und Atmosphäre und Aussicht lieben.

Es gibt eine kleine Auswahl an Pasta- und Risottogerichten, Fritto misto und ein paar leichte Fleischgerichte. Schon der Brotkorb mit einer Auswahl an knusprigen Broten und Grissini ist eine Freude. Die Miesmuscheln im Weinsud dampfen verheißungsvoll in der großen Schüssel. Jede einzelne Muschel, die man aus ihrer Behausung zupft, ist ein Meeresgeschenk. Viel Liebe legt die Küchenbrigade auf ein so einfaches Gericht wie Fuži (kleine gerollte Nudeln) mit Basilikumpesto. Wunderbar rahmig das Sugo, in dem die kleinen Nudeln badeten. Das Fritto misto, in einem Korb serviert, war ganz leicht, man schmeckte das gute Öl. Ganz zart und perfekt gebraten die Gallina, ein Hühnchen. Vorzüglich auch die Eiskreationen und Sorbetti.

Unter teuren Knallern findet man auch preiswerte und gute Weine. Man steht zufrieden und nicht vollgegessen auf und will den bevorzugten Platz gerne in Erinnerung behalten.

Zum Essen in Portopiccolo bieten sich auch die authentische Pizzeria und Bistrot L'Oro di Napoli (Tel. +39 040 9977766) an, das Luxusrestaurant Cliff und das Slim-Restaurant im Hotel Falisia (Tel. +39 040 9974910). ▪

Speisen mit Meerblick im „Maxi's".

Fabrizio

Der Muschelfischer vom Golf

Sein Boot heißt Chiara, wie seine Tochter. Fabrizios Schiff, das an der Marina von Villaggio del Pescatore festgetaut ist, versprüht den fragwürdigen Charme reiner Funktionalität. Ein eiserner Kahn, grau gestrichen, mit unübersehbaren Rostflecken, einem Wirrwarr an Seilen und Tauen, einem Förderband und allerlei Zubehör an Bord, aber blitzblank geputzt. Den halben Nachmittag hat sein asiatischer Gehilfe geschrubbt, denn Sauberkeit an Bord sind das Um und Auf. Fabrizio und sein Bruder Vinicio sind Muschelfischer im Golf von Triest. Zwei von fünfzehn, die zur Società Cocumar gehören, die die drei Makrozonen der Muschelbänke von Duino, Mirarmare und Muggia zum Sammeln ansteuern.

Ob wir mit ihm mitfahren dürfen?, fragen wir Fabrizio, der gerade von der Muschelernte in den Hafen zurückgekehrt ist. „Gerne, morgen Nachmittag." Fabrizio wartet pünktlich, um mit uns abzulegen. Der Kahn ist nicht für Besucher gedacht, eine Sitzgelegenheit suchen wir vergebens, denn hier wird nicht geruht, sondern gearbeitet.

Auf der kleinen „Kommandobrücke" von Fabrizio hinter den von Salzwasser und Wind getrübten Scheiben ist es umso interessanter, weil der braun gebrannte Mann mit dem kantigen Gesicht, der in Villaggio del Pescatore von Eltern istrischer Fischer (Esuli) aufgewachsen ist, viel zu erzählen hat. Die Eltern haben nach dem Krieg in Villaggio del Pescatore eine neue Heimat gefunden, als viele istrische Fischer nach Italien gehen mussten.

Im Sommer legt Fabrizio um vier Uhr ab, um die Muscheln, die sich an acht Meter langen Tauen angeklammert und von Plankton ernährt haben, vor Duino zu ernten. Auf den schmalen Förderbändern werden sie tonnenweise ins Schiff gespült. Geerntet wird das ganze Jahr, auch wenn die Bora bläst. „Die Bora macht keine hohen Wellen", was er fürchtet, sei der Scirocco, der das Wasser bis zu zwei Meter hoch auftürmen kann.

In den Monaten Juni, Juli, August seien die Cozze am schmackhaftesten. „Auch im Winter sind sie gut, aber etwas kleiner als im Sommer", klärt er uns auf. Fabrizio versorgt damit nicht die Fischgeschäfte und Restaurants der Umgebung, seine schwarzen,

Fabrizio geht täglich frühmorgens auf Muschelfang.

glänzenden Muscheln sind für den Großhandel bestimmt, der Venetien und die Emilia-Romagna beliefert. 3500 Tonnen holen die Fischer pro Jahr aus dem Golf. Aus einem Meer, das dunkelblau in der Sonne glitzert und wie frisch poliert wirkt.

„Hier ist das Wasser besonders frisch und sauber. Wir haben Wasserqualität A", sagt Fabrizio und liefert sogleich die Erklärung für unsere fragenden Blicke. „Die Muscheln leisten mikrobiologische Arbeit. Eine der vielen Millionen Muscheln filtert 25 Liter Wasser pro Tag."

Wir schippern vorbei an den Falesie, den typischen Felsen der Steilküste, die nur 17 Kilometer lang ist. „Das einzige Stück Steilküste an der Adria, sonst gibt es nur Sand", sagt Fabrizio, der nur Apulien noch etwas Steinküste zugesteht. Er deutet zum Felsen, wo San-Pellegrino-Falken ihre Nester haben. Hoch oben thront imposant das Schloss Duino der italienischen Linie der Thurn und Taxis (Torre e Tasso). Ganz bescheiden steht am Ufer ein graues Strandhaus, gerade groß genug zum Umziehen. „Hier baden der Principe und die Principessa, wenn sie da sind", weiß der Fischer.

Außer den Muscheln gibt es im Golf nicht mehr viel zu fischen. Zum Glück werden in Aquakulturen wieder Orata und Branzino gezüchtet – aber dafür seien andere zuständig … Über die Gerüchte, dass wieder einmal ein Hai im Golf für Schrecken und Hysterie gesorgt haben soll, lächelt Fabrizio nur milde. „Wird wohl ein Delfin oder ein Thunfisch gewesen sein." ■

Unter der Schiffslampe

La Lampara
Santa Croce/Križ 144

Tel. +39 040 220352
www.la-lampara.net

• *Fisch*
• *Terrasse*

Unter *lampara* versteht man jene großen Lampen auf Fischerkähnen, mit denen der Meeresboden nach Fischen ausgeleuchtet wird. Und weil Santa Croce einst das höchstgelegene Fischerdorf im Karst war, wundert es nicht, dass das Lokal mitten im Ort „La Lampara" heißt. Dabei ist es ein typisches Karstlokal mit einer schönen Steinmauer im Inneren und einem überdachten Garten hinter dem Haus, der im Sommer vor der Hitze abschirmt. Dafür sollte man sich im Winter warm anziehen, in der Gaststube wärmt der kleine Ofen nur dürftig.

Und wie in einem Fischerdorf (ohne Meer) üblich, gibt es im La Lampara vor allem Fisch. Familie Tenze verwirklicht in der Küche noch die althergebrachten Rezepte. Maria und Sohn Nicola kochen einfache, naturbelassene Speisen mit dem Geschmack nach Meer.

Sehr gut gemacht sind die Sardoni in savor, die großen Sardinen, die mit Weinessig, Salz, Öl und süßem Zwiebel mariniert werden – ein typisches Gericht der Region. Auf dem Teller der „Karstgenüsse" finden sich Schinken, Salami, eingelegtes Gemüse und Käse. Der Tagesfang wird knusprig gegrillt oder mit Salzteig umhüllt beziehungsweise natur im Rohr gebraten. Kleinere Fische werden in gutem Öl ausgebacken. Wunderbar sind die Pasta mit Meeresfrüchten und das Risotto nach Matrosenart mit großzügig bemessenen Meeresfrüchten.

Den Apfelstrudel mag die Mamma bravourös hinbekommen, wir ließen uns aber zur verheißungsvollen Erdbeerroulade verführen. Ein Reinfall, die Creme schmeckte nach Industrie. ■

Lampara ist die Bezeichnung für eine Schiffslampe,
aber auch für das Gasthaus in Santa Croce.

Von der Freude eines Karstgartens

Gärten, sofern sie nicht mit Weinreben bewachsen sind, sind Italienern eher lästig. Sie müssen bewässert werden, doch das Wasser ist teuer. Sie müssen gepflegt werden, doch da gibt es in der Sommerhitze Besseres zu tun. Sie müssen von heftig sprießendem Unkraut befreit werden, doch o dio, welch ein Aufwand.

Doch was gibt es Schöneres als südländische Pflanzen, die einen betörenden Duft verströmen, denen man beim überschießenden Wachsen zusehen kann und die in Farben und einer Üppigkeit leuchten, von denen man in unseren Breiten nur träumen kann.

Der Fliesenleger hatte den heißen Tipp: Boris aus Sežana im nahen Slowenien. Boris kam und wir erklärten ihm, dass wir gerne einen gepflegten Grasteppich, Rosen und Jasmin haben wollen. Boris nickte. Und eine Pergola, deren Dach aus Trauben Schatten vor der Augusthitze spenden sollte. Boris nickte wieder.

Den Grasteppich sollten wir uns gleich aus dem Kopf schlagen, denn der würde nur gedeihen, wenn wir ihn in der Augusthitze täglich gießen würden. Also nichts mit dem Grasteppich. Dann legte uns Boris Fotos von einem originalen Karstgarten vor, mit dem er bei der Gartenausstellung in Chelsey die Goldmedaille gewonnen hatte. Mit Pergola aus Akazienholz und schmackhaften Trauben, einem Teppich aus Karststeinchen, aus dem die Pflanzen der Gegend sprießen würden:

Duftender Jasmin und prachtvolle Rosen wachsen am Zaun, eine weinumrankte Pergola sorgt für Schatten.

Lavendel, Rosmarin, Thymian, die auch wochenlang ohne Wasser auskommen. Am Zaun würden sich duftender Jasmin und Rosen ranken. Die Begeisterung war grenzenlos.

Der Karstgarten erwies sich tatsächlich als pflegleicht, denn die Pflanzen haben sich der warmen Umgebung angepasst und brauchen kaum gegossen zu werden. Bleiben durften selbstverständlich der alte ausladende Feigenbaum, der uns verlässlich zwei Mal im Jahr süße Feigen für Marmelade und Likör liefert, sowie der Lorbeerbaum und die dichte Hedera-Helix-Hecke, die das Nachbargrundstück abtrennt. An den knorrigen Ästen des Feigenbaumes hängen zwei „Paradies-Liegen" (sie heißen wirklich so), in denen sich's, von großen Feigenblättern beschattet, wunderbar träumen lässt.

Das Ergebnis war fantastisch. Wir lieben den Jasminduft im Frühling und die blutrote Rosenpracht, wir verfluchen im März den Lorbeerbaum, dessen Blüten sich unrettbar in den Steinchen verfangen, verbringen Stunden mit der Ernte Hunderter Feigen und einem Zentner Trauben, die zwei Weinstöcke hervorbringen. Der Traubensaft und die Feigenmarmeladen sind übrigens bei Freunden heiß begehrt. Davon, dass sich die von der herbstlichen Bora abgerissenen Blätter in den Rosmarinsträuchern verfangen, wissen sie nichts. Sie herauszuklettern gehört zu den ständigen Vergnügungen, sobald wir den Garten betreten.

Alle, die vorbeigehen, durch den jasminumrankten Zaun blicken und den betörenden Duft einatmen, bewundern den *giardinetto carsico*.

Doch was nützt der schönste Garten, wenn außerhalb, am Gemeindegrün, im Laufe der Jahre eine Mülldeponie entstanden ist?! Die wiederholten Bitten an die Gemeinde, das Rasenstück vor unserem Garten zu säubern, stießen auf taube Ohren. Wir griffen also zur Selbsthilfe. Die seitliche Mauer, die irgendwann ziegelrot gewesen sein musste, umhüllten wir mit dichten Ranken aus Glyzinien und Jasmin, ein altes Boot, seinerzeit achtlos dort abgelagert, wurde mit Töpfen aus bunten Geranien geschmückt und aus der Erde entfernten wir Unmengen an Müll. Einen Motor, ein Ölfass, kaputte Flaschen und Plastik in allen Ausformungen. Darüber ließen wir Gras wachsen, pflanzten drei schlanke Zypressen, zwei Olivenbäume, eine Palme und einen Mandarinenbaum. „Guerilla Gardening" nennt man das. In Italien völlig unbekannt.

Als dieses öffentliche Grundstück nun proper und ansehnlich in neuem Glanz erstrahlte, wurde es zur Pilgerstätte der Bewohner von Villaggio. Sie bekamen sich vor lauter *bello* und *carino* gar nicht mehr ein, schüttelten aber dennoch die Köpfe. „Wie um alles in der Welt kommen Private auf die Idee, auf eigene Kosten und mit eigener Hände Arbeit ein öffentliches Grundstück zu gestalten? *Incredibile!"* ∎

Im höchst gelegenen Fischerdorf

Agriturismo Bibc
Santa Croce/Križ 262

Tel. +39 328 1570366
oder +39 040 220722
www.bibc.it

- *Fischküche*
- *Terrasse*
- *Zimmer*

Als die Thunfischschwärme bis Anfang der 1950er-Jahre im August noch regelmäßig im Golf von Triest auftauchten und die Fischer im Karst schon sehnsüchtig darauf warteten, waren jene von Santa Croce die Ersten, die die silbernen Fischleiber erblickten, über die steilen Wege zur Küste liefen, um sie in Netzen zu fangen. Doch im Jahr 1954 kamen die Thunfische zum letzten Mal. Noch heute hängen im Agriturismo Bibc von Alessandro Tretiach großformatige Fotos an der Wand. Darauf zu sehen: die Thunfischjagd aus dem Jahr 1952, mittendrin Nonna Tretiach. Alessandro ist zwar kein Fischer mehr, aber die Familie weiß, wo man die frischesten Meerestiere bekommt und wie man sie am besten zubereitet.

Unter fleißiger Mithilfe der fast 90-jährigen Nonna werden Köstlichkeiten auf den Tisch gezaubert, die man in noblen Restaurants suchen muss: in gutem Olivenöl ausgebackene Miesmuscheln, Cozze in Weißweinsauce, Sarde in savor mit Balsamico-Essig mariniert, sensationell schmackhafte Spaghetti mit ausgelösten Vongole. Während man eine Vorspeise nach der anderen genießt, bräunt der „Fang des Tages" auf dem Holzkohlenrost. Alessandro befördert Stücke davon auf den Teller und garniert ihn mit knusprigen Ofenkartoffeln. Wenn zum Schluss noch ein Teller mit einer Auswahl an Kuchen, Apfelstrudel, Palatschinken eintrifft, ist man über die Spende des Hauses dankbar: verschiedene Grappe – klar, mit Kräutern und Beeren. Ein feiner Platz als Kontrastprogramm zur nahen Küste. Doch Achtung, für ausladende Autos ist Santa Croce nicht gebaut. Alles, was größer ist als ein Fiat Cinquecento, könnte womöglich in den schmalen Gassen stecken bleiben. ■

Bei Bibc lässt es sich gemütlich verweilen.

Über 70 Stufen ans schöne Ufer

Trattoria Bellariva
Via Picard Auguste 44
Santa Croce/Križ

Tel. +39 040 224194
www.carsokras.eu

- *Fisch*
- *Terrasse*
- *Zimmer*

De Trattoria Bellariva bekommt man nicht ohne Anstrengung. Gut zu Fuß sollte man sein oder wenigstens ein kleines Auto sein eigen nennen. Denn die Via Picard ist eng – an der Seite parken Autos – und führt steil bergab (und bergauf). Und dann warten noch siebzig Steinstufen bis zum Strand, die man später mit einem Bauch voll köstlicher Meerestiere überwinden muss. Doch es lohnt sich allemal. Unten tut sich ein kleiner Strandabschnitt auf, wo viele Einheimische einen angenehmen Tag verbringen, und dort liegt auch die Trattoria nur fünf Meter vom Wasser entfernt, geführt von Familie Aljoša. Also ist Baden unbedingt angesagt.

An diesem Strand mit dazugehörigem Fischerhafen fanden noch in den Fünfzigerjahren des vorigen Jahrhunderts, wie schon im vorhergehenden Tipp erwähnt, die Thunfischjagden statt. Alte Fotos davon kann man auch in dieser Trattoria betrachten.

Paulina versteht sich auf die Zubereitung von Meerestieren. Die gratinierten Muscheln sind ein Gedicht. Ein besonderes Unikat ist die Suppe mit Rollgerste und Tintenfischen nach einem alten Rezept. Sie sollte den Fischern Kraft bei ihrer schweren Arbeit geben. Die Ravioloni haben die Form von Kärntner Käsnudeln, sind aber mit einer köstlichen Krebsencreme gefüllt und von einem Sugo aus Meerestieren begleitet. Wären sie etwas mehr gesalzen, wären sie unschlagbar köstlich gewesen. Freunde gegrillter Calamari sollten überhaupt die vielen Stufen vergessen und unbedingt zum Bellariva hinabsteigen. So köstlich wie hier, so frisch und punktgenau gegrillt, bekommt man sie selten.

Paulina selbst ist für die Cremeschnitte verantwortlich, die es dann neben Tiramisu und anderen süßen Verführungen zum Nachtisch gibt. ◼

Das Bellariva hat einen eigenen Strand mit klarem Wasser.

Aussicht auf Triest und guten Fisch

Tenda Rossa
Strada Costiera 172
Santa Croce/Križ

Tel. +39 040 224214
www.tendarossa.it

• *Fisch*
• *Große Terrasse*

Das neue, engagierte Team mit Alessandro Centis hat dem Fischrestaurant Tenda Rossa an der Küstenstraße nach Triest gut getan. Bislang hatte man nämlich geblaubt, dass die wunderbare Aussicht über den Golf von Triest bis hin nach Istrien für das Betreiben eines Lokals ausreichen würde.

Jetzt gibt es dort eine schöne Aussicht auf Triest und auf ein ordentliches Fischessen. Nur den roten Vorhang, nach dem das Restaurant benannt wurde, sucht man vergebens.

Der neue Chef und seine Gäste, die einen Platz ergattern, haben wirklich großes Glück mit der Terrasse, die hoch über der steil abfallenden Küste thront. Würde man nicht von den feinen Fischgerichten abgelenkt werden, man könnte den Blick nicht von der blutroten Sonne abwenden, die irgendwo bei Grado im Meer versinkt. Aber man kommt ja hierher zum Fischessen.

Spätestens, wenn der schwarze Teller mit allerlei feinen Crudi, also rohen Fischspezialitäten, daherkommt, ist Schluss mit Schauen. Kleine marinierte

Blick Richtung Sonnenuntergang im Tenda Rossa

Alici, geeister Ricotta unter einem Lachscarpaccio versteckt, Thunfischtatar mit Avocadomousse und Branzinocarpaccio auf frischen Zupfsalaten erfreuen das Herz des Fischliebhabers.

Und in dieser Tonart geht es weiter: Es brilliert ein kerniges Risotto, auf dem gebratene Mazzancolle mit knusprigen Speckscheiben balancieren. Oh ja, diese Kombination ist durchaus exzellent. Sehr fein sind auch die mit Seppiatinte gefärbten zarten Gnocchi mit mürben Seppiastückchen. ■

Ein Blick auf Istriens Küste

Le Terrazze
Strada Costiera 22
Grignano

Tel. +39 040 2247033
www.terrazze.eu

- *Fisch und
  Fleischgerichte*
- *Terrasse*
- *Zimmer*

Das Lokal ist nach seinem größten Plus benannt – das ist die unbezahlbare Terrasse. Wenn man an einem lauen Sommerabend dort sitzt, auf die Weite des Golfs von Triest blickt, links Miramare und vorne die istrische Küste im Visier hat, geht einem das Herz auf. Der Sonnenuntergang stellt dann das Schlagobershäubchen dar.

Das Restaurant ist Teil des Hotels Riviera & Maximilian's, das vor Kurzem renoviert worden ist und zu den komfortabelsten Hotels der Region gehört. Ein spektakulärer Lift bringt die Gäste an den Strand.

Wenn die Jahreszeit oder das Wetter die Terrasse versperren, ist man auch im modern eingerichteten, eleganten Gastraum gut aufgehoben.

Die Protagonisten der Küche sind die Fische und Meeresfrüchte, die täglich frisch aus der Adria gefischt und mit kreativem Touch des Küchenteams zubereitet werden. Hervorzuheben sind die rohen oder gratinierten Muscheln, die Maccheroncini mit einem Ragù aus weißen Fischen oder Ravioli mit Vongole. Rombo-Carpaccio und gegrillte gemischte Fische kann man sich ebenso zu Gemüte führen wie eine Tagliata vom Rind. Nur der Fruchtsalat zum Eis kam, wie es in Italien eigentlich verpönt ist, aus der Dose. ■

Hoch über dem Meer speist man im Le Terrazze.

Miramare ganz nahe

Tavernetta Al Molo
Riva Massimiliano e
Carlotta 11
Grignano

Tel. +39 040 224275
www.tavernetta
almolo.it

- *Fischküche*
- *Große Terrasse*

Grignano ist ein besonderer Ort. Eigentlich besteht er nur aus einem Jachthafen mit einem Gewirr aus Segelmasten, zwei Restaurants, einem gesichtslosen Hotelkasten und einem Seebad. Dreht man allerdings den Kopf nach links, erstrahlt weiß und erhaben das Habsburgerschloss Miramare auf dem Felsvorsprung. Der Blick auf Erzherzog Maximilians Schloss, mit der Stadt Triest im Hintergrund, ist schon einen Besuch des kleinen Hafens wert. Sehr angenehm ist der Logenplatz auf der Terrasse der Tavernetta Al Molo. Man beobachtet, wie das Linienschiff von Sistiana ein letztes Mal anlegt, bevor es Triest ansteuert, und die Hektik, wenn ein Segelboot ablegt.

Fast bis an die Hafenmauer (nur durch die schmale Straße getrennt) reichen die Tische des Al Molo. Genauso nah haben es die Fischer, die den alten Matteo täglich mit frischem Nachschub von der Küste versorgen. Matteo gibt dem Geschmack des Meeres den Vorzug. Nur mit Zitrone und etwas gutem Olivenöl mariniert ist das Carpaccio piovra (Oktopuscarpaccio). Entscheidet man sich für die rahmige Polenta mit *seppie nere*, schwarzen Seppie, das Tatar von Scampi oder Thunfisch oder die würzige Muschelsuppe? Alles ist köstlich. Auch die selbst gemachten Gnocchi mit einem Sugo aus Meeresfrüchten, das Meeres-Risotto und die gefüllten Paccheri (Cannelloni-ähnliche Pasta) holen das Meer ins Haus. Die Empfehlung des Padrone, das Fritto misto zu probieren, erweist sich als goldrichtig. Eine fettarme Ansammlung von Mini-Fischlein, Scampi und Tintenfischen, die zart auf der Zunge zergehen. ◼

Unter Glyzinienkaskaden

Trattoria al Pescatore
Viale Miramare 211
Barcola

Tel. +39 040 411134

- *Fisch*
- *Terrasse*

Fährt man durch den Triestiner Vorort Barcola, vorbei an den Sonnenanbetern, die sich vor allem am Wochenende wie Sardinen am improvisierten Strand (der von Herbst bis Frühjahr ein Gehweg ist) drängen, passiert man auch mehrere Restaurants, Pubs und Frittierbuden. Angefangen bei La Marinella, das auch schon bessere Zeiten gesehen hat, bis zum California, das allein durch seinen Namen abschreckt. Kulinarisch erwähnenswert ist keines davon.

Interessant wird es erst beim großen Pinienpark am Ende von Barcola. Ein kleines, unscheinbares Fischrestaurant zieht Fischliebhaber magisch in seinen Bann. Vor allem durch die Kaskaden von Glyzinien, die eine gemütliche Terrasse vollkommen überdachen und zur Blütezeit mit ihrem Duft betören.

„Fisch" heißt die Devise beim Pescatore (Fischer), wie sollte es auch anders sein? Weit haben es die Fischer ja nicht zu ihm, sodass es immer einen frischen Fang zu verarbeiten gilt. Solide Fischküche mit guten Zutaten und ohne Firlefanz ist immer gefragt. Der freundliche Padrone empfiehlt Capesante überbacken, Tintenfisch vom Grill, Gnocchi mit Mazzancolle und vieles mehr aus dem Meer. Die Grillplatte ist eine köstliche Auslage verschiedenster Meeresbewohner, wunderbar zubereitet und angerichtet vom Chef des Hauses. Hier kann man schwelgen, bis der Magen „Stopp" signalisiert und nur mehr nach Grappa und Caffè verlangt. ■

Speisen mit dem Duft von lila Glyzinien.

In der Einfachheit steckt Größe

Trattoria Sardoč
Precenico/Prečnik 1b

Tel. +39 040 200871

- *Karstküche*
- *Terrasse*
- *Zimmer*

Sardoč ist im Karst ein Familienname wie hierzulande „Müller". Ein Sardoč liegt, wie oben beschrieben, in Slivia und der andere hier in Precenico. Beide sind einen Besuch wert, weil sie sehr authentisch sind.

Die Trattoria Sardoč ist ein Familienbetrieb, in dem man sich sogleich wohl fühlt. Hier hat man alles im Haus: Vitovska, Terrano, Malvasia und Glera, der in den eigenen Weinbergen kultiviert wird, und ein paar Apartments, wenn man sich das Auto nach einem opulenten Karstmahl sparen möchte. Denn hier gibt es einiges zu verkosten.

Mamma Silva hat ein Händchen fürs Kochen und Backen. Das Fleisch fürs Tatar ist handgehackt, das Brot selbst gebacken und die Pasta natürlich hausgemacht. Hier bekommt man noch eine mit Kräutern gewürzte Schweinsstelze aus dem Rohr, Backhendl als Hommage an die österreichische Vergangenheit und die gekochten Štruklji mit süßer Fülle, die wiederum ein urslowenisches Gericht sind. Das Fleischragù mit Terran gekocht und über die hausgemachten Tagliatelle gekippt kann man in dieser Qualität lange suchen. Eine köstliche Seltenheit sind die Žlikrofi – ja, die sind den Kärntner Schlickkrapferln ähnlich. Hier füllt man sie mit Pancetta und Majoran.

Auf der Terrasse und im großen Gastraum kann man gemütlich verweilen. ◼

Auch für größere Gesellschaften gerüstet.

Sozialauftrag: Gut essen

Trattoria Sociale
Contovello/Kontovel 152

Tel. +39 366 14462272
oder 040 225168

- *Karstküche und Fisch*
- *Terrasse*

Zugegeben, der Name Trattoria Sociale wirkt etwas abschreckend. Man denkt unweigerlich an eine Ausspeisungsküche für Bedürftige. Doch in Italien ist vieles anders. Auch eine „Sozialtrattoria" kann hier solide Küche bieten. Das Soziale daran ist, dass dort Menschen aller Bevölkerungsschichten ordentlich essen, dass man sich trifft, miteinander kommuniziert und trinkt. Das Ambiente ist spartanisch, das Essen ist es nicht.

Man sollte sich nur einmal den Antipasto-Teller ansehen, wie liebevoll alles angerichtet und garniert wird. Da gibt es hausgemachte, Saucen, Chutneys und Confits, die liebevoll zubereitet worden sind, und gegrillten Thunfisch, auf den Punkt gebraten, wie es oft Haubenlokale nicht zustande bringen. Ein sozialer Auftrag ist auch, dass die Speisen preiswert sind und die Produkte von den Bauern und Produzenten der Umgebung stammen. Die Baccalà-Suppe ist ein sensationelles Gericht, das zwar nicht jedermanns Sache ist, aber für Stockfisch-Verehrer grandios schmeckt.

Lachs gehört zwar nicht in die Gegend (aber immerhin kommt er aus dem Mittelmeer), aber in Kombination mit der Erbsencreme und den Karotten war er gar nicht übel. Die Ravioli sind solide Handarbeit, die Paccheri mit Krebsenfleisch ein Gedicht und der Fisch ist immer frisch, beträgt doch die Luftlinie zum Meer nur ein paar Hundert Meter. Sehr gut zubereitet sind auch die Calamari mit reichlich Petersilie und etwas Knoblauch. Zum Schluss erfreut eine Amarenatorte mit einer süßen Karstcreme. ▪

Dem Karstkäse verschrieben

Osteria Ferluga
Via della Bellavista 12
Conconello/Ferlugi

Tel. +39 347 1396133
www.okusikrasa.net

- *Karstküche*
- *Terrasse*

Die Osteria Ferluga, die sich den Karstgenüssen verschrieben hat, befindet sich in einer privilegierten Lage – nämlich dort, wo der Karst das Meer küsst. Daher findet man auf der Karte auch Meeresgerichte und typische Karstspezialitäten. Besonders imposant ist der Blick von der Terrasse auf den Monte Slavnik und den Golf von Triest.

Die österreichische Vergangenheit lässt grüßen, denn Ferluga ist einer der wenigen, der Kipfel oder Kifel auf der Karte hat. Kipfel aus Buchweizen, die in heißem Öl resch ausgebacken werden. Eine feine Beilage, aber auch solo unwahrscheinlich gut. Ferluga schätzt den wunderbaren Karstkäse und verwendet ihn ausgiebig für seine Gerichte – unbedingt probieren sollte man den typischen, aus dem Triestiner Karst stammenden Tabor-Käse mit Olivenöl und wilden Fenchelblüten. Sie geben einem das Gefühl, mitten in einer Wiese zu liegen und den feinen Duft einzusaugen.

Die Kartoffelroulade ist mit Porree gefüllt und mit einer Käsesauce übergossen, die zarte Schweinslende ist mit Pancetta und Käse gefüllt. Der Meeresküche alle Ehre machen das Baccalàmus *(baccalà mantecato)* mit warmen Crostini und die Gnocchi mit einem Sugo aus Sardinen und Tomaten.

Sehr authentisch schmecken die süßen Köstlichkeiten, zum Beispiel Crostata (Mürbteigtorte) mit Marmelade, Feigen und Ricotta, Schokoladenroulade oder Birnenstrudel. ■

Hier dominiert der Karstkäse.

Hier kocht Elvis

Ristorante Križman
Repen 6
Monrupino/Repen

Tel. +39 040 327115
www.hotelkrizman.eu

- *Karstküche*
- *Garten*
- *Zimmer*

Križman ist auch ein Hotel. Vor allem aber ein traditionelles Gasthaus mit einer Küche, die man als „traditionell, mit einem guten Schuss Innovation und Modernität" definieren kann. Der netten Familie mit Tiziana, Elvis und Mamma Danila sieht man schon an den freundlichen Gesichtern an, dass man hier gut bewirtet wird.

Danila trägt mit alten Karstrezepten zur Tradition bei, Elvis hat mit neuen Erkenntnissen eine Harmonie der Küche hergestellt, die bemerkenswert ist. So wird das Fleisch bei Niedrigtemperatur gegart, was in den deftigen Küchen der Region noch nicht so weit verbreitet ist. Damit ist er ein echter Vorreiter im Karst. Rinds- und Schweinsfilets werden stundenlang im Rohr mit Wildkräutern geschmort. Dazu wird Kren-Eis serviert. Eine Komposition, die Seltenheitswert hat. Kalbsbackerln mit Kürbispüree und knuspriger Polenta zergehen auf der Zunge. Hier gibt es Kifel, außerdem Blecs (grob geschnittene Pasta) mit Tomatensugo, Wildschweinmedaillons mit Wacholder und Ljubljanska (Cordon Bleu).

Die Weinkarte ist umfangreich und offeriert die speziellen Marken der Region.

Solcherart umsorgt, lässt es sich sommers im Schatten der ausladenden Kastanienbäume trefflich genießen. Überall Schalen und Töpfe mit bunten Blumen und Weinreben – das schafft im schattigen, von ausladenden Bäumen bestückten Garten, zusätzlich Wohlfühlambiente. ■

Elvis und Mamma Danila sind ein gutes Team.

Die kulinarische Nabelschnur

Die Luftlinie zwischen Wien und Triest beträgt exakt 345,71 Kilometer. Die beiden Städte, durch eine über 500 Jahre alte gemeinsame Geschichte zusammengeschweißt, sind auch heute noch durch eine kulinarische Nabelschnur verbunden. Es ist eine alte Weisheit, dass sich Menschen am besten bei gutem Essen und Trinken verstehen.

Das ist im Schmelztiegel Triest, wo Einwanderer aus allen Himmelsrichtungen herbeiströmten, seit Jahrhunderten so. Italienische, österreichische, deutsche, englische, französische, jüdische, irische, armenische Kaufleute, Banker, Künstler, Abenteurer, Köche brachten ihre typischen Gerichte mit und ließen alle anderen in nachbarschaftlicher Eintracht mitkosten. Neben den Einflüssen aus der ganzen Welt ist jedoch der aus der k. u. k. Monarchie am intensivsten herauszuschmecken.

Die Kochtöpfe, Pfannen, Backformen beider Städte waren gar oft mit den gleichen Köstlichkeiten gefüllt, wenn sich auch die Orthografie im Laufe der Zeit etwas nach Süden verschoben hat. Aus dem Gugelhupf wurde der *cuguluf marmorizzato*, aus den Kipferln *chifeleti mezzelune* oder *kifel* und aus dem Schinken der *schinco*, der sich grundlegend vom örtlichen Prosciutto oder Pršut unterscheidet. Schinco ist immer gekocht, capito?

Um die vielen heiteren Gemeinsamkeiten zu studieren, empfiehlt es sich, die „Cucina Triestina", das über 500 Seiten starke Kochbuch von Maria Stelvio, durchzublättern und das eine oder andere Gericht nachzukochen. Die Grande Dame der Triestiner Küche kann man als Pendant zu Olga Hess bezeichnen, die die Wiener Küche kalorienreich niedergeschrieben hat.

Sucht man bei Stelvio unter *buchtel*, wird man genauso fündig wie bei *koch di patate*. Den *crafen* bekommt man mittlerweile in jeder besseren regionalen Bäckerei, genau so wie *palacinke* und *strudel di mele* Standardgerichte in Karst-Trattorien sind.

Streift man im Karst durch die Speisekarte, wird man als gelernter Österreicher abrupt beim Gulasch stoppen. Da stehen nämlich Dinge wie Gnocchi mit Gulasch, Kalbsgulasch, Gulasch viennese, Ungherese-Gulyas, weißes oder rotes Gulasch … Weißes Gulasch? Die Rückfrage ergibt, dass die Hausfrauen

Nirgends ist die Küche so vielfältig wie im Karst und in Triest.

darunter Gulasch ohne Tomaten verstehen, wohingegen das rote mit Tomaten und etwas Paprika gewürzt ist.

Blickt man weiters in die Töpfe von Vanda Gruden in San Pelagio wird man darin Pollo fritto, also unser Backhendl/Backhuhn, genauso finden wie *caiserflais con cren* und die slowenischen *štruklji* (gekochter Strudel) und im Buffet da Pepi in Triest köcheln Bauchfleisch, Beinfleisch, Würste und Sauerkraut in bester Wiener Manier vor sich hin. Mehr Österreich geht nicht.

Den Karst durchquert außerdem eine unsichtbare kulinarische Linie, die die Küste von der steinigen Hochebene trennt – an den Meeresufern des Karsts speist es sich anders als im Landesinneren. An der Küste versteht man sich auf die Zubereitung von Muscheln (*cozze* oder *pedoci* und *vongole*), die in den Muschelbänken im Golf von Triest gezüchtet werden. Die wichtigsten Fische sind die *pesci*

azzurri, also verschiedenste kleine Fische wie Sardellen, Sardinen und Makrelen, die in allen möglichen Zubereitungsarten – gebraten, mariniert, frittiert, gegrillt – serviert werden. Allerlei anderes Meeresgetier, kalt oder warm, Variationen von Pasta mit fischigen Zutaten, Calamari, Wolfsbarsch, Goldbrasse, Zahnbrasse, Molo, Rombo und vieles mehr lassen das Herz von Fischliebhabern höher schlagen.

Jota (Sauerkrautsuppe), Štruklji mit süßen und pikanten Füllungen, Braten aus dem Rohr, Gnocchi di susine (Zwetschkenknödel), Gibanica, Presnitz, Potica – die ehemaligen k. u. k. Kronländer lassen grüßen.

Weil man das gute Essen zu allen Zeiten geschätzt hat, hat sich in Triest und seinem Hinterland eine veritable Produktion von hochwertigen Lebensmitteln etabliert. Zu erwähnen sind das Olivenöl Tergeste aus dem Val Rosandra, die mittlerweile hochgeschätzten autochthonen Rebsorten Vitovska, Malvasia, Glera, Terrano, der von der Bora gestreichelte Pršut aus dem Karst, der Käse, der in den Tiefen der Karsthöhlen reift, und natürlich der Caffè, dessen Duft aus den Röstereien sensible Nasen in ganz Triest wahrnehmen. So eine Vielfalt an Köstlichkeiten wird man nirgendwo finden, daher haben sich Triest und sein karstiges Hinterland als köstlichstes Dreieck des Landes fest etabliert. ◼

Guter Fisch beim „alten Pfau"

Al Nuovo Antico Pavone

Riva Grumula 2
Triest

Tel. +39 040 303899
www.nuovoantico
pavone.it

• *Fischküche*
• *Keine Terrasse*

Ein eitler Pfau ist das Markenzeichen der Trattoria, die gegenüber dem Triestiner Jachthafen liegt. Dabei ist das nette Lokal alles andere als eitel – dorthin gehen Menschen, die gut und gerne Fisch essen. Der Pfau schlägt dort nur kulinarisch Räder.

Man kann getrost die zahlreichen Trattorie, Chinarestaurants, Bierkneipen am Lungomare links liegen lassen. Erst ab der Piazza Venezia (dem Platz mit der Kaiser-Maximilian-Statue) wird es kulinarisch interessant.

Die Tische am Gehsteig hat man vor Kurzem entfernt – die Steuern dafür seien zu hoch, bedauert die Signora. Es ist solide Triestiner Küche, die geboten wird. Die Qualität jedes einzelnen Gerichts ist großartig. Zum Beispiel eine Dreier-Variation aus Sardinen, Tintenfisch mit Melone und Kartoffeln, ein köstliches Meeresrisotto, Thunfisch oder Spaghetti alla busara (mit Scampi). Verziehen wird, dass die Spaghetti diesmal etwas zu weich gekocht waren. Sehr fein hingegen schmeckte das im Tontöpfchen überbackene Fischfilet. Im Salzteig sind Branzino und Orata besonders köstlich und magenschonend.

Ein himmlisches Ananassorbetto, eine feine Himbeer-Panna cotta und ein kraftvoller Triestiner Espresso *(nero),* der überraschenderweise die Nachtruhe nicht raubt, sind der beste Abschluss. Ist es die Röstung, das Wasser …? Wir werden es wohl nie wissen. ■

Gut bewirtet man beim Alten Pfau.

Meister des guten Geschmacks

Al Bagatto
Via Luigi Cadorna 7
Triest

Tel. +39 040 301771
www.albagatto.it

• *Fisch und Fleisch*

In den 1960er-Jahren war es eine einfache Fisch-Osteria, bis Gianni und Patrizia Marussi das Restaurant zu einem der führenden der Stadt entwickelt haben. Jetzt ist Roberto in dritter Generation am Zug, den Triestinern Fischküche im besten Sinne zu servieren.

Das Lokal ist nur einen Steinwurf von der Piazza Unità und von den Molen entfernt. Für Einheimische und Gourmets ist es eine der ersten Adressen für verfeinerte Fischküche, die Roberto mit Akribie betreibt. An seiner Seite werkt, äußerst ambitioniert, der junge Alessio Cazzador.

Beide sind Meister des Improvisierens. Das Klassikergericht Sarde in savor wird ganz neu interpretiert. Die Köche lieben es, die Fische und Meeresfrüchte des Golfs spielerisch zu veredeln und mit Früchten der Saison zu kombinieren. Zum Beispiel den Sgombro mit Orangen und Melonen, rohe Scampi mit Trauben und Mazzancolle mit Erdbeeren und rotem Paprika. Süße Kürbisravioli werden mit Muscheln serviert und das Kartoffelpüree zum Fisch mit etwas Rosmarin parfümiert, was eine interessante Geschmackskomposition ergibt.

In der Cantina lagern rund 260 Etiketten, vorwiegend von ausgesuchten Winzern der Region. Sie zeugen vom guten Geschmack der Marussis. ■

Traditionsgasthaus in Triest

Ein Vorspeisen-Marathon

Antipastoteca di Mare Alla Voliga

Via delle Fornace 1
Triest

Tel. +39 040 309 606
www.antipastoteca
dimare.it

• *Fischküche*

Die Triestiner kennen das enge, mit allerlei Dekogegenständen, Plakaten, Fotos, Zeitungsartikeln und Bildern vollgestopfte Lokal nur unter „Alla Voliga", was ein Netz bezeichnet, das die Fischer einst benutzten. Auch ein solches findet man im Gastraum. Padrone Roby Surian hat erkannt, dass eine Reihe feiner Vorspeisen oft besser ankommt als ein reichhaltiges Menü – und so gibt es zahlreiche kleine Gerichte auf der Karte. Slow Food im besten Sinne sind die Fischsuppe, Baccalà, Rollgerste mit Mini-Tintenfischen, Gnocchi mit Meersfrüchtesugo, Tintenfische gegrillt und gebacken, Muscheln sautiert und überbacken und allerlei Variationen von Sardellen und Sardinen in jeder Größe. Dazu gibt's Knoblauchbrot und Polenta. Alles in überschaubaren Dimensionen, sodass man sich durch die Speisekarte kosten kann. Ein Tipp: Jeder bestellt sich ein anderes Gericht und jeder kostet von jedem. Kein Zeichen für einen Geizhals, sondern für einen *buongustaio* – einen wahren Feinschmecker.

Obwohl es im Gastraum nur wenige Tische gibt, ist Roby immer im Stress. Immerhin nimmt er die Speisen auf, kocht sie und serviert sie. Manchmal ist dann auch die Schürze die Speisekarte.

Dennoch hat die einfache Hafenkneipen-Atmosphäre etwas für sich, obwohl das Lokal mitten in der Stadt liegt. Man trifft fast immer auf Triestiner, die dort den schnellen Hunger stillen und guten offenen Wein oder Frizzante aus Cormòns trinken. Aber ins Alla Voliga muss man erst einmal finden: Es liegt keineswegs an touristischen Trampelpfaden, sondern unweit vom San-Giusto-Hügel an der Stiege mit der Gedenktafel für den hier 1768 ermordeten Archäologen J. J. Winckelmann. Parkplatz gibt es übrigens keinen. ■

Alle Nachbarn vereint

Bagutta Triestino
Via Carducci 33
Triest

Tel. +39040 3490072
www.baguttatriestino.it

- *Traditionelle Küche*
- *Tische im Freien*

Wenn man in Triest ein Lokal sucht, in dem man typische Triestiner Gerichte kosten kann, ist Bagutta Triestino der richtige Platz. In dem rustikal-bunten Lokal spürt man die Einflüsse der altösterreichischen, slowenischen, istrischen und italienischen Küche. Immerhin besteht das Lokal seit dem Jahr 1902. Ein kulinarisches Konglomerat aus den Kronländern, das die Triestiner so gerne mögen. Gekochte Würstel mit Kren und Senf und Gulasch bekommt man nicht nur in einem Wiener Beisl, sondern auch in Triest, dem „Wien am Meer".

Jota, die gehaltvolle Suppe mit Kartoffeln und Sauerkraut, stammt aus dem Karst, die Ljubljanska (Schnitzel mit Schinken- und Käsefüllung) aus Slowenien, die Fusi con la gallina (Huhn) sind eine istrische Speise und die Parmigiana (Melanzaniauflauf) ist uritalienisch. Nur die Nachspeisen sind universal Crema catalana, Panna cotta, Tiramisu und Palatschinken, die hier Palačinke heißen.

Immer was los im Bagutta Triestino.

Außerdem findet man im Bagutta Triestino eine gute Selektion lokaler Weine.

Fazit: In der entspannten, familiären Atmosphäre fühlt man sich sofort wohl und möchte sich am liebsten durch die ganze Speisekarte kosten. ◼

Österreich auf der Zunge

Buffets genießen unter Gourmets in unseren Breitengraden keinen besonders guten Ruf. Nicht so in Triest. Da schnalzen die Feinschmecker mit der Zunge, wenn sie an Buffets (ausgesprochen mit u) denken. Diese Triestiner Spezialität ist wie so vieles in der Stadt mit der über 500-jährigen Habsburger-Geschichte verbunden. Sie sind eine altösterreichische Tradition, die von Einheimischen heiß geliebt wird. So wie der mit den Jahren von der Historie verklärte Habsburger Kaiser Franz Joseph, der liebevoll Cecco Beppe genannt wird und oft in Privathäusern milde aus golden umrahmten Ölschinken lächelt. Bei einer vor wenigen Jahren stattfindenden Handover-Feier eines neuen Kreuzfahrtschiffs im Hafen von Triest – gebaut von Fincantieri in Monfalcone – wurde von der fesch uniformierten Musikkapelle nicht etwa die italienische, sondern die alte Kaiserhymne mit Inbrunst intoniert.

Dann gibt es da noch das Grüppchen von Nostalgikern, das Movimento Trieste Libero (MTL), eine politische Bewegung, die auf die Unabhängigkeit Triests und die Bildung eines Freistaats zielen. Österreich soll dann in seinem alten „Heimathafen" wieder eine zentrale Rolle spielen – so das Wunschdenken.

Derweil sollte man sich zumindest kulinarisch mit den Buffets begnügen. Sie hatten einst den Sinn, Hafenarbeiter nach der Rückkehr von ihrer nächtlichen schweren Arbeit im oft sturmdurchwühlten Meer schon am Vormittag zu nähren und zu wärmen. Und zwar mit durchaus deftiger Kost. In den Buffets gab und gibt es vor allem Würste (Cotechino, Muset, Salsicce), Geselchtes, Kaiserfleisch, Schinken im Brotteig, Pökelzunge, Schweinsfüße (Zampone), alles schön weich gekocht. Zur besseren Verdauung wird Kren darübergerieben und Sauerkraut, das hier *crauti* heißt, gereicht.

Triestiner Buffets mit ihren traditionellen „Schweinereien" sind etwas ganz Besonderes.

Buffets sind kommunikative Orte ohne Standesdünkel. Hier essen Arbeiter in ihren Monturen schon am Vormittag ein Panino mit Schinken und der Bankdirektor macht sich zu Mittag über eine opulente Schlachtplatte her, nicht ohne sich die Serviette in den Hemdkragen zu stopfen, um die Krawatte nicht zu bekleckern. Dazu gibt es einfachen Wein oder ein Bier. Unter den rund 20 Buffets der Stadt findet man auch welche, die Baccalà, Gulasch oder Fritto misto auftischen – einfache Gerichte, auch für den Hunger zwischendurch. ■

Zum Krenreiben

Buffet da Pepi
Via Cassa di Risparmio 3
Triest

Tel. +39 040 366858
www.buffetdapepi.it

- *Fleischküche*
- *Terrasse*

Vor knapp einem Jahr hat sich neben Pepi ein sehr schickes Lokal etabliert. Theresia heißt es – zu Ehren der großen Gönnerin der Stadt. Ein begabter Designer hat es gestylt und genauso stylisch sind auch die Gerichte (siehe Seite 115). Der Nachbar ist Triests berühmtestes Buffet „Da Pepi", im Jahr 1897 von Pepi Klajnsic gegründet. Dieses Lokal ist jedenfalls durch und durch unschick, aber fast immer voll besetzt. Zu Mittag ist im Inneren kaum Platz zu ergattern.

Pepi bietet ein paar wackelige Tische und eine lange Theke aus gesprenkeltem Marmor. Aber die hat es in sich: Darin eingelassen sind Kessel, in denen dampfend und blubbernd Würste, Geselchtes, Schweinsköpfe, Kaiserfleisch, Stelzen, Schweinsfüße, geselchte Zungen sieden. Das Speisenangebot ist eine einzige „Schweinerei".

Die Kellner fischen die heißen Schweinsteile behende mit der Gabel aus den Behältnissen, teilen sie kunstgerecht und servieren sie noch dampfend mit crauti und Brot und einem Batzen Senf aus dem Kübel. Großzügig wird frischer Kren darübergerieben. Der heißt hier nicht etwa *rafano*, wie im übrigen Italien, sondern *cren* – auf gut Österreichisch. Ein Bier oder einen Tajut dazu und der Magen ist bis zum Mittagessen ruhig gestellt.

Noch ein Tipp: Eingefleischte Veganer oder Vegetarier sollten einen großen Bogen um Pepi machen, denn schon der Duft, der ihnen von Weitem entgegenweht, signalisiert „Fleisch pur". ■

Betörender Duft nach Gesottenem

Beste Crauti

Buffet Siora Rosa

Piazza Attilo Hortis 3
Triest

Tel. +39 040 301460

- *Triestiner Küche*
- *Terrasse*

Siora Rosa, obwohl sie über einen wunderbaren Gastgarten mit schattenspendenden Schirmen verfügt, ist nicht unbedingt die erste Adresse für einen brütenden Augusttag in Triest. Denn die Spezialitäten der Padrona sind Gesottenes, Kaiserfleisch, fette Würste, Stampfkartoffeln, Kren, mit einem Riesenberg *crauti*. Ja, so heißt das Sauerkraut in Triest und, ehrlich gesagt, in all den Jahren der Crauti-Kochkunst hat man in Triest ein besseres zusammengebracht, als ein Sauerkraut in Österreich je sein kann. Weiß Gott, wie sie das in den Triestiner Buffets machen.

Im Herbst, wenn die Barcolana, das Mega-Segelspektakel, vorbei ist, die Menschenmassen aus Triest weggeschwemmt wurden und die milden Sonnenstrahlen die Via Torino (wo Siora Rosas Tische und Bänke stehen) wärmen, ist die richtige Zeit für den Triestiner Bauernschmaus angebrochen. Leichte Küche wird man in diesen Gestaden nicht vorfinden, da muss man sich schon gegenüber ins Ai Fiori oder in eine der zahlreichen Bars, Restaurants und Trattorien in der Ess-Gasse Via Torino begeben. Hier ist nämlich nicht nur das Civico Museo della Civiltà Istriana mit interessanten Ausstellungen angesiedelt,

Motorini-Flitzer vor der Siora Rosa

sondern acht weitere Lokale verschiedenster Ausrichtungen. Vom vegetarischen Mittagstisch bis zur stylischen Abendbar mit kleinen Snacks.

Aber wir bleiben bei Siora Rosa: Die deftigen Suppen mit Bohnen, Rollgerste, Kartoffeln, Gemüse und Fleischstücken – je nach Jahreszeit – erwärmen und erfreuen Magen und Herz gleichermaßen, ebenso das Gulasch und die Jota. Und weil Österreich in dieser Küche so präsent ist, dürfen auch die Strudel mit allerlei Füllungen nicht fehlen. Wenigstens der Caffè, der bleibt uritalienisch. ■

Ein Märchen für Fleischtiger

Ristorante C'era una volta
Via di Giarizzole 8
Triest

Tel. +39 040 827346
www.ristorante
ceraunavolta.it

• *Fleischküche*

Es war einmal ein Restaurant, das vor allem Fleischtiger begeisterte … und wenn es nicht zugesperrt hat, freuen sie sich noch heute über die üppigen Portionen und schmackhaften Speisen.

Man fängt am besten mit einer Aufschnittplatte an, auf der sich verschiedene Salami- und Schinkensorten aus dem Karst, aus San Daniele, aber auch aus Spanien türmen. Alles von feinster Qualität.

Selbstredend bedient sich der Koch nur der besten Fleischqualität für Tagliata, Bistecca und Costata di manzo. Hier bekommt man richtig große Fleischstücke, die ein Normalverbraucher nur mit einem Esspartner vertilgen kann. Gegart sind sie natürlich perfekt: innen noch rosa (medium) oder *al sangue* (blutig) – je nach Vorliebe. Ein Zweiglein Rosmarin, grobes Salz und das zarte Aroma nach Holzkohle reichen aus, dass das gute Fleischstück nur mit ein paar Tropfen gutem Olivenöl auskommt. Als Beilagen empfehlen sich ein frischer Salat und knuspriges Brot. Basta!

Dass sich in einem so fleischlastigen Haus auch die Dolci sehen lassen können, ist eine echte Freude. Denn Süßes braucht man einfach nach einem so üppigen Fleischgenuss.

Und ein Navigationsgerät braucht man, um das abgelegene Restaurant zu finden. ■

Keine Chimäre

Chimera di Bacco
Via del Pane 2
Triest

Tel. +39 040 364023
www.chimeridibacco.
com

• *Fisch und Fleisch*
• *Gastgarten*

Eine Chimäre ist ein Wunschtraum, eine Einbildung. Doch für Fabiola und Luca ist ihr modernes und doch heimeliges Restaurant im ehemaligen Ghetto von Triest kein Traum geblieben. Sie wollten den Sukkus echter Triestiner Küchentradition wahr werden lassen – falls es diese überhaupt gibt. Denn die Triestiner Küche ist immer ein Eintopf aus Geschmäckern verschiedenster Kulturen, die zu allen Zeiten in der Hafenstadt aufeinandergetroffen sind.

Die Verwendung bester Ingredienzien an diesem Ort ist die eine Sache, die kreative, ja, fast künstlerische Hingabe die andere. Wie die Gerichte auf Tellern drapiert sind, das hat schon etwas mit Luca Morgans Kunst- und Geschmackssinn zu tun. Dabei sind es immer die einfachen Dinge, die solcherart zur Vollendung kommen: rohe Meeresfrüchte, die nur im frischen Zustand brillieren, Fischcarpaccio mit Sommertrüffel oder eine Kombination aus Seeteufel mit zart schmelzender Gänseleber. Eine Zusammenstellung, die man sich so lange nicht vorstellen kann, bis man sie genießerisch verspeist hat.

Bevor man sich hier zum Abendessen ins Restaurant begibt, sollte man in der nahen lässigen Weinbar Chimerina einen Aperitif probieren. Die Gefahr ist nur, dass man sich an den Snacks gütlich tut und sich den Appetit aufs Abendessen verdirbt. Es wäre aber wirklich schade, wenn es ein Wunschtraum bliebe. ■

Nettes Restaurant mit gutem Essen

Ein „kleiner Schwarzer" namens Nero

Sag niemals Espresso zu ihm. Der Barista aus Triest könnte es dir übel nehmen. Zumindest outest du dich als Kaffeebanause, auf jeden Fall aber als Tourist.

In der „Stadt des Kaffees", wie Triest seit der Weltausstellung 2015 in Mailand heißt, leistet man sich eine eigene Sprache für das wichtigste Produkt der Triestiner, den Kaffee oder eben *caffè*. Der Espresso heißt hier in den Bars und Kaffeehäusern *nero*, der Macchiato mit einem Klecks Milchschaum *capo* und der Cappuccino *caffelatte*. Dann gibt es noch Unterordnungen und Feinheiten wie *nero in b*, das ist ein Espresso im Glas, oder *deca*, ein koffeinfreier Kaffee. Sie haben eines gemeinsam: Der Kaffee schmeckt überall fantastisch. „In Italia il caffè è sempre buono", steht es in Italienisch-Lehrbüchern schon auf den ersten Seiten. Man sollte aber hinzufügen: „Particolarmente in Trieste." Insbesondere in Triest.

Es ist bekannt, dass der Kaffee in Triest einer der besten Italiens (und auf der Welt) ist, denn dort am Hafen landen in einfachen braunen Jutesäcken millionentonnenweise die *chicchi di caffè* – Arabica- und Robusta-Bohnen aus den wichtigsten Kaffeeanbaugebieten der Welt. Daher gab es in Triest noch vor Jahren an die 50 kleine Kaffeeröstereien. Wenn ihre Zahl auch in den letzten Jahren geschrumpft ist – Illy, Hausbrandt, San Marco, Excelsior & Co. verströmen ihren Kaffeeduft immer noch weit über die Stadt hinaus. Dass der langjährige Bürgermeister (von 1993 bis 2001), Riccardo Illy, aus der berühmten Kaffeedynastie stammt, sagt schon einiges aus.

Eine weitsichtige Habsburger-Politik hat dazu beigetragen, dass Triest eine vorrangige Bedeutung im Kaffeehandel zukam. Karl VI., Vater von Maria Theresia, erklärte Triest im Jahr 1719 zum Freihafen und eröffnete damit dem wichtigsten Hafen des Habsburgerreiches die Möglichkeit des Handels mit Rohkaffee. Die geniale Wirtschaftspolitik Maria Theresias trieb den Kaffeehandel zur Hochblüte.

In Triest gibt es nicht nur eine Kaffee-Akademie (initiiert von Illy), die die hohe Kunst des Kaffeeröstens und der Mischungen lehrt, hier gibt es auch den eigenen Beruf des Kaffee-Veredlers. Die Firma Sandalj zum Beispiel kreiert in ihrem hoch technischen Labor immer neue Mischungen mit dem

Ziel, den Triestiner Kaffee noch bekömmlicher und schmackhafter zu machen. Und nicht zu vergessen den „Verein der am Kaffeehandel Interessierten" (Assiociazone degli interessati al commercio del caffè). In Triest selbst brauchen sie kaum Überzeugungsarbeit zu leisten. 1600 Tassen trinkt jeder Triestiner im Schnitt jährlich. Allerdings meist nur einen belebenden Schluck, einen *goccio,* vom kräftigen Nero in den dickwandigen erwärmten Minitassen. Ein Verächter, der seinen Caffè aus hauchdünnem Porzellan trinkt, in dem er auf der Stelle auskühlt.

Kein Wunder, dass die Kaffeehauskultur – einst aus Wien importiert – in einer so nach Kaffeebohnen duftenden Stadt einen besonderen Nährboden fand. Schon im 19. Jahrhundert trafen sich in den zahlreichen Kaffeehäusern Literaten, Künstler, Denker, Adelige und einfache Bürger. Oft in Ermangelung eines eigenen geheizten Wohnzimmers. Hier wurde heiß diskutiert, geplaudert, gerastet, politisiert und Zeitungen gelesen. Das Caffè Tommaseo war beispielsweise geheimer Treffpunkt der Irredentisten (Unabhängigkeitsbewegung „Los vom Habsburgerreich") zu konspirativen Gesprächen. Der bekannteste von ihnen: Guglielmo Oberdan (ein Slowene namens Oberdank, italienischer Nationalheld), der ein Attentat auf Kaiser Franz Joseph plante und verraten wurde, was ihm schlussendlich den Kopf gekostet hat.

Besonders stolz sind die historischen Triestiner Kaffeehäuser, die teilweise heute noch mit ihrer prachtvollen Jugendstil- und Art-Deco-Ausstattung glänzen, auf ihre prominente Literatenszene. James Joyce, Umberto Saba, Italo Svevo, Scipio Slataper, um nur einige zu nennen. Man hat die meisten in Bronze gegossen und so auf prominenten Plätzen der Stadt verewigt. Und nach wie vor trifft man Schriftsteller in den Tempeln des Kaffeegenusses. Zum Beispiel Claudio Magris im San Marco oder Veit Heinichen bei Walter in der Gran Malabar auf der Piazza Verdi.

Übrigens: Nirgends gibt es so köstliche Mini-Mehlspeisen, knusprige Brioches und Kleingebäck zum Nero wie in den Triester Kaffeehäusern. Pasticcini zum Niederknien – und Glücklichsein. ■

Kaffeekunst in Triest

Ein Logenplatz in der Stadt

Harry's Grill
Piazza Unità d'Italia 2
Triest

Tel. +39 040 660606
www.duchi.eu/it/
restaurant-cafe

- *Fisch und Fleisch*
- *Terrasse*
- *Zimmer*

Schauen und Speisen
auf der Piazza Unità.

Wie Harry's Bar in Venedig ist auch Harry's Grill in Triest privilegiert. Beide Locations befinden sich an bevorzugten Plätzen und beide gehören zum Hause Cipriani. Noch mehr Zentrum geht nicht. Harry's Grill ist das Restaurant des Hotels Duca d'Aosta und befindet sich direkt an der Piazza Unità d'Italia oder Piazza Grande, gleich neben dem Palazzo del Lloyd Triestino, dem heutigen Sitz der Regionalregierung. Ein unbezahlbarer Logenplatz, wenn man in der warmen Jahreszeit im Gastgarten sitzt – meistens inmitten von honorigen Geschäftsleuten, die dort häufig zu Mittag anzutreffen sind. Auch die smarte Regionalpräsidentin Debora Serracchiani wechselt manchmal die Straßenseite, um mit Politikerkollegen und Gästen dort zu speisen.

Neben eleganten Menüs, die hier vor allem abends serviert werden, gibt es das *pranzo veloce,* das „schnelle Mittagsmahl", das leicht, appetitlich und informell „amerikanisch" angerichtet ist – das heißt, auf einfachen Platzsets.

Traditionelle Rezepte werden im Harry's Grill mit Raffinesse umgesetzt, immer auf die Produkte des Meeres und des an Spezialitäten so reichen Umlandes achtend. Die Speisekarte richtet sich nach saisonaler Verfügbarkeit. Fische und Meeresfrüchte stehen dann auf der Karte, wenn die Fischer im Golf fündig wurden. Dann aber gibt es Crudi (rohe Meeresfrüchte) und Gegrilltes vom Feinsten.

Harry's Grill ist der ideale Ort nach einem Stadtbummel, wenn man zum Abschluss noch in die Aussicht von der Piazza auf den Golf versinken möchte. Besonders eindrucksvoll ist dieses gegen Abend, wenn die untergehende Sonne die Mosaiken des gegenüberliegenden Palazzo del Governo in pures Gold taucht. Die Ansammlung von weiteren geschichtsträchtigen Gebäuden rund um den Platz ist zudem einzigartig: Palazzo Comunale, Palazzo Modello, Palazzo Municipio … ■

Unsere Rettung

Osteria Salvagente
Via di Burlo 1
Triest

Tel. +39 040 2606699

- *Fisch und Fleisch*
- *Tische im Freien*

Auf der Flucht vor der Sommerhitze landen wir in einer schmalen, schattigen Gasse, die sich als Via Burlo vorstellt und obendrein ein paar Tische und Sessel an einer eher uncharmanten Fassade aufweist. Salvagente wirft den Rettungsring nach uns aus. Nach dem Motto „Lass dich nie von einer Fassade abschrecken" befragen wir aber zur Vorsicht eine ältere Dame, die gerade zufrieden die Rechnung bezahlt. Dass sie seit 20 Jahren täglich hier isst, überzeugt uns, auf einem der wackeligen Tische Platz zu nehmen.

Plötzlich erhebt sich der Herr am Nachbartisch und erklärt feierlich: „Signora, questo posto è magico" – dieser Platz ist magisch. „Nirgends werden Sie so perfekt gebackene Sardinen finden wie hier, und nur hier!" Na dann: Restlos überzeugt!

Als die von ihm bestellten, so angepriesenen Sardinen eintreffen, reicht er uns seinen Teller herüber und bietet uns die Fischchen zum Kosten an. („Hat Ihnen jemand in der Heimat je etwas angeboten?") Dabei lässt er keinen Widerspruch zu. Oh ja, sie schmecken wirklich köstlich. Später genießen wir nicht nur die Sardinen, sondern auch Sarde in savor

und eine Peperonata, die wir in Neapel nicht besser bekommen hätten. Ganz frisch aus dem Ofen, mit Parmesan gratiniert.

Eine größere Freude als mit einem Suppenteller voller Piersolada (reife Pfirsiche in Weißwein eingelegt) hätte man uns zum Abschluss des Mahls nicht machen können. Wir löffeln die kühle Pfirsichsuppe hingebungsvoll, wohl wissend, dass die Folgen von Hitze und Alkohol fatal sein werden. Doch ein Schluck starker Espresso bringt uns wieder auf die Beine und aufs Schiff von Triest nach Sistiana. ■

Tische in der schmalen Gasse

Pfiffig gepfeffert

Pepenero Pepebianco
Via Rittmeyer 14/a
Triest

Tel. +39 040 7600716
www.pepenero
pepebianco.it

• *Fisch und Fleisch*

Die Leidenschaft für gute Küche führte bei Michele Grandi zur Gründung des Restaurants im Jahr 2008. Für viele ist es eines der innovativsten Lokale der Stadt. Die Ausgewogenheit zwischen Tradition, die vor allem in den Produkten steckt, und Innovation (Vakuumgaren und Niedrigtemperaturkochen) macht die Spannung aus. Auch das Ambiente – ein ehemaliges schlauchartiges Weindepot wurde zu einem stylischen Lokal umgebaut – hat etwas Spannendes.

Brot, Grissini, Pasta und Kuchen sind hausgemacht, das kann man gleich zu Beginn positiv vermerken. Hier kommen sowohl Fisch- als auch Fleischliebhaber auf ihre Rechnung. Für das schnelle Mittagessen kann man ein Lunchmenü wählen oder für angenehme Abende ein 7-Gang-Überraschungsmenü.

Auch wenn man nur Kleinigkeiten kosten will, ist man gut bedient. Zum Beispiel mit den Zucchiniblüten in Tempurateig, dem Frittino di mare, dem Avocadosalat oder den Capesante mit Gänsespeck. Als „Traumgericht" entpuppen sich die Cappelletti mit Burrata, Melanzani und frischen Pradeisern. Die Tagliata stammt vom Angus-Beef aus Uruguay, der Rombo mit Safran aus der Adria.

Ob das Süße den Magen schließt, bleibt dahingestellt – es krönt jedenfalls das Mahl: in unserem Fall ein Soufflé aus Passionsfrucht mit Schokosauce.

Was immer Maestro Grandi zaubert, ist grandios und einfallsreich, seine Kochkünste haben wirklich Pfeffer – ob schwarz oder weiß, ist einerlei. ■

Bekannt für zeitgemäße Küche.

Hommage an die Kaiserin

Theresia Mittel Bistro
Piazza della Borsa 13
Triest

Tel. +39 040 767674
www.discovertrieste.it

- *Traditionelle Küche und Bistro*
- *Gastgarten*

Das Erfreuliche an Triest ist, dass neben den etablierten immer wieder neue Lokale aufsperren. Das zeigt, dass man hierzulande gerne Neues wagt und die Gäste für Neues offen sind. Ein Beispiel ist das Theresia Mittel Bistro, unmittelbar neben dem Buffet da Pepi. Scheint alles kein Problem, die Klientel ist eine andere. Theresia ist ein stylischer Platz. Es sei die perfekte Interpretation eines Wiener Lokals, sagen die Triestiner. Wir sagen, es ist sehr italienisch. Das Erdgeschoß ist eine Cafeteria, der erste Stock empfiehlt sich für ein ausgiebiges Mahl.

Die angesagten Farben Grau, Weiß und Schwarz herrschen vor. Ein interessanter Kontrapunkt zur Casa Rusconi, einem der ältesten Palazzi Triests, in dem das Lokal untergebracht ist.

Man kann auf einen Caffè kommen und eine kleine, feine Süßigkeit dazu essen, in der Sonne sitzen oder einen Cocktail trinken und plaudern. In der Mittagszeit einen Salat oder eine Pasta verschmausen oder am Abend ein mehrgängiges Menü genießen. Die Besitzer schauen mit Argusaugen auf die Qualität der Produkte. Hier findet man den Jamar-Käse von Zidarich sowie ein Sacher-Gulasch mit Terran oder das Küchengeheimnis Risotto Theresia, mit dem man kulinarisch der weitsichtigen und klugen Regentin huldigt, die Triest überall ihren Stempel aufgedrückt hat. Die Symbiose aus italienischer und österreichisch-ungarischer Küche liegen Paolo Polla, Massimo Zulian und Edi Bazec am Herzen. ■

Kaffeetrinken zu ebener Erde, Speisen im ersten Stock.

Mehr als schwarze Tinte

Trattoria Nerodiseppia

Via Luigi Cadorna 23
Triest

Tel. +39 040 301377
oder 339 1539039

• *Fischküche*

Die Tageskarte an die Wand gemalt.

Die schwarze Seppiatinte ist bei Kennern eine Delikatesse, vorausgesetzt, sie wird in Spaghetti oder Risotto gemischt. Wenn gerade Saison ist – und das ist rund um die Spargelernte in Fossalon bei Grado –, bereitet Giulio Cusma diese aufs Allerfeinste zu. Das einladende Lokal gilt in Triest, wo es ein Fischlokal nach dem anderen gibt, als Institution.

Valentina Cusma, die Padrona des Nerodiseppia, ist ein Phänomen – sie spricht Deutsch, Französisch, Englisch, ein wenig Slowenisch und Kroatisch. Und die Küche ist echt triestinisch, also ein Mischmasch aus verschiedenen Einflüssen.

Die Sardinen werden hier nicht klassisch mit Zwiebeln und süßsauer mariniert, sondern mit gutem Olivenöl und Tomatenstückchen. Die Alici werden auf dreierlei Arten serviert: mit Schafskäsestückchen, mit süßem Zwiebel und Tomatenconfit.

Wir probierten mit großem Interesse das „Gericht des Tages". Es waren vorzüglich gegrillte Fisch-Čevapčiči. Die gratinierte Goldbrasse mit Melanzanisauce und einem Flan aus Zucchini mit Tomatenmousseline machte ebenfalls gute Figur.

Es ist nicht selbstverständlich, dass man in einem Fischlokal wunderbare Nachspeisen aufgetischt bekommt. Doch Cusma beherrscht auch dieses Metier bravourös. Zwischen knusprig-leichten Blätterteigschichten türmen sich Wolken einer fantastischen Crème Chantilly. Die Panna cotta ist mit gerösteten Pistazien bestreut und mit einer Sauce aus karamellisiertem Vinsanto übergossen.

Der Hauswein, ein Chardonnay aus dem Isonzogebiet, lässt sich leicht trinken. Die Theke aus ausrangierten Weinkisten zeugt vom guten Weingeschmack des Paares. ■

Weinkisten als Bar, dahinter Giulio Cosma.

Ein Wind mit eigenem Museum

Museo della Bora
Via Belpoggio 9
Triest

Tel. +39 040 307478
Nur nach Anmeldung
zu besichtigen.

Museumsdirektor Rino Lombardi

Man maß schon 165 Kilometer pro Stunde. Das war im Februar 1954, als ein türkischer Bus vor dem Molo Audace von der Bora umgeblasen wurde. Dokumentiert ist alles ganz penibel im privaten „Museo della Bora" von Rino Lombardi in der Via Belpoggio. Das Foto vom umgestürzten Bus auf der ersten Seite der lokalen Zeitung hat der Herr Direktor zur Schonung in Plastikfolie verpackt. Das und viel mehr zeigt Lombardi in seinem Museum, das den Eindruck macht, als hätte die Bora gerade darin gewütet. Eine ziemliche Unordnung zeigt sich dem Besucher, doch Lombardi zieht mit traumwandlerischer Treffsicherheit heraus, was er uns zeigen will. Zum Beispiel eine dicke Kordel, die man früher zu Zeiten der Bora auf den Gehsteigen spannte, damit sich die gebeutelten Menschen anhalten konnten. Oder blaue Blechdosen mit ein wenig Wind darin: „Bora in scatola". Lombardi zeigt sie uns mit aller Ernsthaftigkeit. Stolz ist er auf die Behälter mit „Winden aus aller Welt", die ihm seine Fans mitbringen oder zuschicken. Alte Postkarten, auf denen dahinfliegende Menschen zu sehen sind, und Zeitungsausschnitte liegen bunt zusammengewürfelt herum. Alles fantastisch skurril.

Es passiert auch heute noch, dass Motorini und Fahrräder durch die Luft fliegen, Fenster bersten und man im Krankenhaus Cattinara alle Hände voll zu tun hat, Arme und Beine von Verunfallten zu schienen. Die Bora fegt nach wie vor heulend über den Karst, durch die Plätze und Gassen von Triest, da hat sich nichts geändert. Sie bringt Menschen zu Fall und treibt alles vor sich her, was ihr im Wege steht. Es ist dann keine Bora mehr, sondern ein Borone, wie die Triestiner zu sagen pflegen, wenn ihr Hauswind mehr als hundert Stundenkilometer zu wehen gedenkt.

„Ihr Triestiner seid wirklich Kinder des Windes", sagte schon der Schriftsteller Umberto Saba. Die Kinder haben früh gelernt, mit der Bora zu leben, und können ihr sogar gute Seiten abgewinnen. Zum Beispiel schreibt man es der Bora zu, dass der Karstschinken (Pršut) unter dem Einfluss der Winde besonders würzig reift und gut trocknet.

Fischer und Schiffseigner fürchten sie – aber nicht so sehr wie den Scirocco – und flüchten in sichere Häfen, wenn sich die Bora ankündigt. Das kommt

Schuhe mit Spikes, um der Bora zu trotzen.

meist in den Wintermonaten vor, wenn der böige Fallwind von Nordosten über die Karsthochfläche Richtung Adria streicht und an der Abbruchkante mit aller Wucht auf Meereshöhe abstürzt. „Sie türmt keine hohen Wellen auf, sondern fegt scharf über das Wasser", erklärt uns Fischer Fabrizio. Aus der Gischt wird dann der Bora-Nebel.

Man sieht es den Karstdörfern an, wie sehr sie gegen die Sturmgewalten kämpfen müssen. Die Häuser aus massivem Stein sind geduckt und eng zusammengerückt, um dem Wind zu trotzen. Über die Landschaft ziehen sich Steinmauern, um die Erosion in Schach zu halten, doch selbst diese sind von den Stürmen arg zerpflückt.

Wenn die Bora bläst, müssen sich die Bewohner des Karsts und der Stadt warm anziehen. Überall in der Region gibt es Zeichen dafür, dass sie präsent ist. So findet man nirgends sonst in Italien Doppelfenster. Hier schon. Der Bronzeengel auf dem Siegesleuchtturm (Faro della Vittoria) hat Löcher in den Flügeln, damit der Wind durchblasen kann und alle Molen im Hafen von Triest sind nach Nordosten ausgerichtet, damit die Schiffe auch bei Starkwind gefahrlos anlegen können. Und dann gibt es noch die Via della Bora und eben das Museum in Triest.

Doch wer glaubt, es gibt nur eine Bora, der irrt gewaltig. *Bora sporca* (schmutzige Bora) wird sie genannt, wenn sie von allen Seiten bläst, die *Bora scura* (dunkle Bora) wird von dunklen Wolken begleitet und bringt starken Regen mit, hingegen verheißt die *Bora chiara* (helle Bora) viel Sonnenschein und klare Luft. *Borone* bedeutet Sturm und *Borino* ein laues Lüftchen.

Das ist aber längst nicht alles. In der Stadt der Winde, wie Triest genannt wird, bläst es je nach Jahreszeit aus allen Himmelsrichtungen. Am Molo Audace in Triest kann man von der Windrose ablesen, was alles auf die Stadt zubläst: der Mistral, ein kalter starker Wind aus Nordwest, der Scirocco, ein heißer, trockener Wind aus Süden, der Libeccio, der mit hohen Wellen aus Südwesten bläst, und der Grecale, ein frischer Wind aus Osten kommend.

Der Kriminalautor Veit Heinichen hat den Winden Triests eine wunderbare Aufgabe zugeschrieben: Sie hätten die Menschen aus allen Himmelsrichtungen in die Stadt geweht und mit ihnen die unterschiedlichsten Gerüche, Geschmacksrichtungen, Gewürze und Speisen. Na dann: *Grazie, bora.* ■

Die geniale Köchin

Ami Scabar
Erta Sant'Anna 63
Triest

Tel. +39 040 810 368

• *Fischküche*
• *Terrasse*

Das nennt man geschwisterliche Ergänzung. Ami und Giorgio Scabar (sie in der Küche, er im Service) sind ein kongeniales Team, das sich sogar in einer der entlegensten Ecken Triests behaupten kann. Erta Sant'Anna muss man erst einmal finden und auch dann gewinnt der Ort nicht gerade den Wettbewerb der hübschesten Dörfer. Doch in Amis Küche finden sich die Geschmäcker Mitteleuropas wieder. „Die Aromen des Meeres, des Karsts, Sloweniens, Altösterreichs. All das vereint sich in unserer Küche", will die Kochkünstlerin – die Kenner als eine der besten Köchinnen Triests bezeichnen – ihre Geschmackskompositionen verstanden wissen. Kompositionen des puren Genusses, die sie mittlerweile zu einer Ikone gemacht haben, auch wenn nicht mehr ausschließlich sie selbst am Herd steht.

Die kleine Trattoria, die die Eltern im Jahr 1967 eröffnet haben, hat sich mit dem steigenden Ruhm von Ami zu einem stattlichen Lokal mit zwei großen Sälen und einer imposanten Terrasse, von der man einen schönen Blick ins Val Rosandra hat, vergrößert.

Eigentlich ist Qualität so einfach: Es sind die frischesten Zutaten, aus denen eine der besten Küchenpartien Triests wählen und diese zur Vollendung bringen kann. Die Adria liefert täglich köstlichen Fisch, Meeresfrüchte, Muscheln, die nur unter Zutun bester Öle, Salze und etwas Zitronensaft roh serviert werden. Aus Istrien kommen die Trüffeln und das Fleisch von nachhaltig arbeitenden Produzenten aus dem Umland, die Oliven für das Öl wachsen in Sichtweite, die Küchenkräuter gedeihen im Garten und Pasta und Brot sind hausgemacht. Auch bei den Weinen sind die Geschwister Scabar patriotisch. Es sind vor allem die autochthonen Sorten Terran, Malvasia, Vitovska und Glera, die die Winzer vom Karst anliefern.

Wenn man schon dort ist, sollte man sich allem hingeben, was der Golf bietet: Trilogien von Baccalà oder Alici, Polipetti-Salat, Gratin von Capesante, Canestrelli und Mazzancolle, Canoce oder Grancevola, nur mit Olivenöl parfumiert. In dieser Tonart geht es weiter, bis man nach mehreren köstlichen Gängen beim Caffè angelangt ist. Natürlich einer aus Triest, der mit seiner höllischen Kraft und Hitze den Himmel verheißt. ◼

Ami Scabar mit Bruder Giorgio

Blumenstrauß für Vlada und Stane

Trattoria Ai Fiori
Piazza Attilio Hortis 7
Triest

Tel. +39 040 300633
www.aifiori.com

- *Fischküche*
- *Gastgarten*

Der kleine Park mit den imposanten Platanen auf der Piazza (in der Mitte die Statue des Literaturhistorikers und Politikers Attilio Hortis) ist an heißen Sommertagen ein kühler Rückzugsort. Nur wenige Minuten von der Piazza Unità und den Molen entfernt, gehört die Piazza Hortis mit ihren Museen und der Bronzestatue von Italo Svevo zu einem der eher beschaulichen Stadtteile Triests.

Auf der Stirnseite lädt Siora Rosa mit ihrer Buffetküche zum Mittagsmahl ein, gegenüber haben sich Vlada und Stane Pucer der feinen Fischküche verschrieben. Vor allem am Abend sollte man reservieren, da die Küche des engagierten Ehepaars bei den Einheimischen äußerst beliebt ist. Es hat dem aus den Sechzigerjahren stammenden Lokal wieder kulinarisches Leben eingehaucht.

Stane ist ein kochender Autodidakt, der sich laufend fortbildet. Manchmal blickt er sogar französischen Köchen in die Töpfe. Daher schleichen sich neben italienischen, slowenischen und kroatischen Köstlichkeiten manchmal französische Kreationen in die Speisekarte, zum Beispiel eine Tomatengalette mit Seebarschcreme. Sehr mollig ist die Fenchelcremesuppe mit Mazzancolle, der Seebarsch ist mit Kartoffelscheiben belegt und im Rohr knusprig überbacken. Das Tris vom Baccalà ist eine Sensation und auch der Rombo eine Feinheit.

Dass der Caffè in dem Lokal mitten in Triest ein wohlschmeckender, kräftiger Schluck ist, versteht sich von selbst.

Auf jeden Fall verdienten sich Vlada und Stane für ihre Küche im Ai Fiori einen üppigen Blumenstrauß. ■

Ai Fiori an der Piazza Hortis

Schwertfisch mit Biss

Antico Panada
Via Gioacchino
Rossini 8/D
Triest

Tel. +39 040 3476286

• *Fischküche*
• *Tische vor der Tür*

Dem Rat eines ausgewiesenen *buongustaio* – also eines Feinschmeckers – folgend, der das Panada mit dem Brustton der Überzeugung empfohlen hatte, machten wir mutig die Probe aufs Exempel und wurden dafür ordentlich belohnt..

Die Lage ist schon einmal fantastisch, ein echter „Erste-Reihe-fußfrei"-Platz mitten in Triest. Man sitzt am Canal Grande, trinkt Wein oder Caffè und schaut dem geschäftigen Treiben und den vorbei-eilenden Triestinern zu, denen es im Moment nicht so gut geht wie uns, die wir im Gastgarten sitzen, die Sonne genießen und auf die verheißenen Köstlichkeiten warten, die da auf uns zukommen.

Im ansprechend gestalteten Inneren, das sich über zwei Ebenen zieht, geht es fischlastig zur Sache. Der Chef mit dem klingenden Namen Rubens Di Donato bereitet mit Liebe ein feines Fischmenü mit bis zu sechs Abfolgen. Man kann es sich auf Wunsch oder Empfehlung zusammenstellen lassen und in prachtvoll angerichteten Meerestier-Elegien schwelgen. Vor allem der Schwertfisch macht

Eine der besten Adressen in Triest

eine Topfigur und die Spaghettoni mit Moscardini stehen ihm um nichts nach. Wie ein modernes Gemälde erscheint das Thunfisch- und Schwertfischtatar auf dem Teller – eine Augenweide. Eine feine Auswahl an Süßigkeiten konnte dem Fisch elegant das Wasser reichen.

Bei einer aromatischen Grappa dankten wir im Geiste unserem Feinschmecker für den guten Tipp und prosteten auf sein Wohl – salute! ■

Der Engel schaut zu

Trattoria al Faro

Scala Giuseppe Sforzi 2
Triest

Tel. +39 040 410092
www.trattoriaalfaro.it

• *Fisch*

• *Terrasse*

• *Zimmer*

Wer die Krimis von Veit Heinichen aufmerksam liest, dem kommt die Trattoria al Faro bekannt vor. Commissario Proteo Laurenti lässt sich dort im Schatten des Siegesleuchtturms gern bekochen und genießt die warmen Sonnenstrahlen auf der Terrasse. Die Besitzerfamilie kommt aus Kroatien und kombiniert geschickt die italienische und kroatische Fischküche. Daher sind auch die Gerichte deftiger und würziger als anderswo in Triest.

Im Sommer bedecken Kaskaden von duftenden Glyzinien die Terrasse. Unter diesem lila Dach könnte man stundenlang sitzen, schauen, schmausen und sich freuen. Freuen über die Abfolge an kalten und warmen Fischvorspeisen, Fritto misto oder einen Branzino im Salzmantel. Herrlich auch das Risotto mit Meeresfrüchten und Zucchiniblüten. Und über allem wacht der Engel mit den durchlöcherten Flügeln – damit die Bora durchblasen kann – auf der Spitze des Leuchtturms (Faro della Vittoria).

Auf Wunsch kocht man ein mehrgängiges Fischdegustationsmenü, man sollte es nur vorher bestellen, damit sich der Koch mit allen Sinnen darauf konzentrieren kann.

Um hinzukommen, sollte man die Strada del Friuli nach Triest nehmen. Es gibt kaum eine Straße, die einen so schönen Ausblick bietet. Hier fährt auch der Bus Nummer 43 von San Giovanni al Timavo über Duino und die Karstdörfer über Contovello bis zur Piazza Oberdan in Triest. Man kann direkt vor dem Al Faro aussteigen.

Am Anfang der Panoramastraße fällt die Trattoria Da Slauko auf, die wahrscheinlich den allerschönsten Blick aufs Meer bietet. Das ist aber auch schon alles. Schade, aber die Aussicht allein genügt eben nicht. ▨

**Restaurant direkt
neben dem Leuchtturm**

Zeitreise in die Monarchie

Antica Trattoria Suban
Via Emilio Comici 2
Triest

Tel. +39 040 54368
www.suban.it

- *Triestiner Küche*
- *Gastgarten*

Ein Glück, dass im Jahr 1895 die Trattoria Suban etwas außerhalb von Triest entstanden ist. Und zwar mit viel Glück: Nachdem Giovanni Suban fünf Richtige bei der Lotterie in Wien gezogen hatte, fuhr er flugs nach Triest und gründete die Trattoria, die heute noch ein Zufluchtsort für Gäste ist, die echte Triestiner Küche nach altösterreichischer Manier bevorzugen.

Mario Suban, der herrschaftliche Padrone, führt die Trattoria mit Verve in sechster Generation. Mit den Jahren hat sich die Küche ein bisschen, aber nicht zu viel verändert. Die Gerichte schwimmen nicht mehr in Öl, sind nicht zerbraten und etwas leichter, als in alten Triestiner Kochbüchern angegeben. Doch das Ambiente ist bei Suban seit Jahrzehnten gleich geblieben. Die Küche ist eine Zeitreise durch die alte Donaumonarchie. Durch Slowenien, Italien, Istrien, Ungarn und Österreich. Hier trifft man auf alte Bekannte. Den Apfelstrudel, Fusi mit Kaiserfleisch, die an Schinkenfleckerln erinnern, gegrillte und gebratene Kalbsinnereien, gekochtes Fleisch, Palatschinken süß und pikant. *Cuguluf* gibt es als Nachspeise. Die Abwandlung unseres „Gugelhupfs" ist so liebenswert, dass man sofort ein Stück davon kosten muss. ■

Sympathisches Sammelsurium

Nicht nur die Wellen klatschen

Trattoria Tre Merli
Viale Miramare 42
Triest

Tel. +39 040 410884

- *Fisch*
- *Terrasse am Meer*
- *Zimmer*

Die Trattoria zu den „Drei Raben" wurde wegen der bevorzugten Lage und einer großen Terrasse direkt am Meer von den Triestinern immer schon heiß geliebt. Dass das Lokal in den vergangenen Jahren etwas heruntergekommen wirkte, erkannten auch die Besitzer und verwirklichten in dem klassischen Traditionslokal ein zeitgemäßes, stylisches Konzept. Vor allem das angeschlossene Boutique-Hotel mit wenigen Zimmern und eigenem Strand haben die Tre Merli enorm aufgewertet.

Der unaufgeregten Fischküche ist man trotz Modernisierung treu geblieben. Die frischen Fische und Meerestiere gibt es weiterhin in allen nur möglichen Zubereitungsarten: Roh, gegrillt, aus dem Ofen, gebraten, im Salzteig, gratiniert, gebacken oder *scottato* (gekocht oder gebrüht). Vielleicht mit einem Schuss mehr an Kreativität als früher.

Unbedingt probieren sollte man das Triestiner Traditionsgericht, das man hier besonders köstlich kann: die panierten Sardinen. Sehr zeitgemäß und leicht ist der Thunfisch mit Guacamole und Limetten – ein richtiges Sommergericht auf der Terrasse eben. Spaghetti, Gnocchi, Tagliatelle – sie alle versprühen Duft und Geschmack des nahen Meeres. Auch bei den Produkten und den Weinen, die großteils aus der Region oder der näheren Umgebung stammen, hat sich nichts geändert.

Hausgemacht sind sowohl das knusprige Brot als auch die variantenreichen Dolci. Im Beach-Club und in der Bar bekommt man untertags „Easy-Gerichte", die bis zum eleganten Abendmenü satt machen. ◼

Eine Suppe zum Verlieben

Trattoria Veto
Via di Prosecco 35
Opicina/Opčine

Tel. +39 040 211629
www.trattoria
pizzeriaveto.it

• *Karstküche*
• *Garten*

Irgendwie erinnert die Minestra di bobici an ein Kärntner Ritschert. Karotten, Kartoffeln, Sellerie, Gewürze und Geräuchertes befinden sich wie in diesem auch in dieser Suppe – nur, dass statt Rollgerste Polenta hineingerührt wird. Ein deftiges Gericht, zugegeben, aber bei entsprechendem Appetit ein durchaus köstliches Seelenfutter. Bei der Veranstaltung „Karstgenüsse", eine kulinarische Initiative im Herbst, bei der Karstspezialitäten in ausgesuchten Lokalen vorgestellt werden, wurde diese deftige Suppe mit den begehrten „Lorbeeren" ausgezeichnet.

Das Veto ist ein Frauenbetrieb im besten Sinn. Nada Debenjak und ihre Töchter Katja und Silva schupfen den Laden. Es ist ihr Ehrgeiz, die Lebensmittel von den kleinen Produzenten aus der Nachbarschaft in der Küche zur Vollendung zu bringen. „Veto ist ein Haus für alle. Für die Jungen genauso wie für die Alten", sagt Nada. Neben den typischen Karstgerichten wie Verze in tecia (Weißkraut), Schweinsfilet mit Senfsauce oder Ricottastrudel gibt es auch Pizza. Wenn schon, dann eine ordentliche, dachten sich wohl die Damen und schafften sich vor einigen Jahren einen Holzofen an, aus dem sie die knusprigen, fein belegten Teigfladen holen. Noch ein Tipp: Besonders beliebt ist bei den Gästen eine „Melange" aus neapolitanischer Pizza belegt mit feinen Karstprodukten. ■

Echt klasse

Trattoria alla Posta
Via I. Gruden
Basovizza/Bazovica 56

Tel. +39 040 911191
www.trattoriaposta.it

- *Karstküche*
- *Terrasse*

Wie sich die Zeiten gewandelt haben. Hat man früher die einfache Küche scheel betrachtet, so ist man heute stolz auf die althergebrachten Rezepte und vor allem auf die unverfälschten Produkte, die in der näheren Umgebung gedeihen oder hergestellt werden. In den Lokalen des Karsts ist man Vorreiter: Man verarbeitet, was der Nachbar erzeugt, und ist stolz darauf. Im Restaurant Alla Posta in Basovizza spricht man sogar von einem „Klasse-Restaurant im Karst" (Ristorante di classe in Carso).

Die Schinkenplatte ist so eine Klasse für sich: Darauf werden appetitlich Schinken vom Schwein, Hirsch und Wildschwein angerichtet, dazwischen verschiedene Arten heimischer Salami. Das Brot und die Grissini sind selbst gebacken. Die Spinatsuppe mit Erbsen und Ricotta ist mit kleinen Scampi garniert. Nach einem alten Rezept wurde das Kartoffelsoufflé mit Zwiebeln und Birnenscheiben zubereitet und die Kürbiscremesuppe wird von gebratenem Bauchspeck und Maiscrostini begleitet. Wer das Gebratene von der Ziege mit Kräutern der Gegend gekostet hat, möchte sofort eine weitere Portion davon haben. Doch es warten noch der Kastanienkuchen oder die Millefoglie mit Waldbeeren – sie sollten auch noch Raum bekommen. Darauf zu verzichten wäre nämlich ein kulinarischer Fehler. ■

Poststationen wussten immer gut zu kochen.

Joško Renčel

Philosoph mit roten Sneakers

Joško Renčel
Dutovlje 24
Slowenien

Tel. +386 31 370561
www.slovenia.info

• *Weinverkauf*

Joško Renčel ist kein Mann der großen Worte. Dafür lässt er seine Mimik sprechen. Seine Emotionen, sein großes Weinwissen, die harte Arbeit in den Weinbergen, die Entschlossenheit zum Experimentieren und die Liebe zur slowenischen Karstlandschaft sind in sein Gesicht eingekerbt. Die von der Arbeit gezeichneten Hände unterstreichen gestenreich die kargen Ausführungen. Mit weit ausladenden Bewegungen beschreibt er das Gebiet, in dem seine Weine gedeihen. Ausschließlich auf der Terra Rossa, jenem schmalen Karststreifen, der von Sonne, Klima und Mineralböden dominiert ist. Es ist die rote, eisenhältige Erde, die den einzigartigen Terran hervorbringt. Im Grunde ein verschlossener Wein, der erst zu „reden" beginnt, wenn der Winzer ihm mit viel Geduld und Können die verborgenen Qualitäten und das besondere Potenzial entlockt. Das ist die Kunst, die Renčel beherrscht. Daher schmeckt sein Terran auch nicht, wie so viele, metallisch-trocken, sondern wie ein sattes Konzentrat aus reifen Herzkirschen.

„Wir leben hier im Zentrum der Terra-Rossa-Böden. „In Slowenien bauen wir auf 700 Hektar Wein an, in Italien sind es nur rund 100 Hektar", sagt er. Ihm

selber gehören davon 3,5 Hektar. Roten und Weißen mache er, übt sich Renčel in Bescheidenheit. Man muss schon nachbohren, um ihm ein paar Weingeheimnisse zu entlocken. Einen halben Kilo Trauben belässt er auf einem Stock, damit Sonne und Wind mit den Trauben spielen können. So nennt er es.

„Mit dem Wein spielen", das ist auch Joškos Zugang. Ein Blick auf Hunderte übereinandergestapelte Kunststoffkisten in seinem Hof zeigt, dass bald etwas im Gange sein wird. „Hier werden die Trauben für den Passito getrocknet", verrät der Winzer. Schon ein kleiner Schluck des Passito Nero „Zlate Solsiže" schmeckt wie ein Wunderwerk aus Sonne und süßem Karamel.

Nein, Schaumwein verweigere er. Zumal ihn ärgere, dass die autochthone Glera-Traube heute als Prosecco im Valdobbiadene-Gebiet vermarktet wird. „Die haben uns die Glera gestohlen, früher ist sie entlang der Mauern gewachsen, jetzt sind es im Veneto 30 000 Stöcke pro Hektar", brummt er. Dafür war er der Erste, der auf der Terra Rossa mit Pinot Noir experimentiert hat. „Das machen nur Edi Kante und ich", blitzt so etwas wie Stolz aus seinen Augen.

Pinot Noir ist eine eher ungewöhnliche Rebsorte für die Region. Renčel macht ihn wie einen Portwein, wofür aber das slowenische Weingesetz kein Verständnis hat. Wo kommt man denn da hin, wenn alle experimentieren würden? Doch genau das liebt der sensible Bär. Experimentieren, probieren, verbessern. „Ich habe einmal vier Mal hintereinander den fertigen Wein weggeworfen, weil er mir nicht gepasst hat."

Ob er den Weinbau irgendwann studiert hat? Renčel lacht: „Nein, ich habe Betriebswirtschaft studiert." Quereinsteiger oder Designer-Winzer sei er auch keiner. Schon seine Großeltern haben Wein angebaut und für den Style-Faktor bräuchte er zumindest einen schicken Verkostungsraum. Das Verkosten findet hier aber zwischen Fässern, Flaschen und allerlei Gebrauchsgegenständen unter dem Scheunendach oder im Hof statt. Ein riesiger Eichentisch reicht dafür vollauf. Großes Aufsehen

um seine Person mag er gar nicht. Er schüttelt den Kopf, wenn er erzählt, dass ein ganzes Team aus Wien samt Kamerawagen und Fotoausrüstung mit Starfotografin Elfie Semotan bei ihm aufgetaucht sei, um Fotos von ihm zu machen. Dabei wirkt er in seinem grauen T-Shirt und den roten Sneakers durchaus fotogen.

„Die meisten produzieren Weine für Geld, ich mache Weine für Menschen", kokettiert er gerne. Dass seine Flaschen am Markt dennoch stolze Preise erzielen, findet er legitim. Als Abgeltung für harte Arbeit und das ständige Nachdenken, was er verbessern könnte. „Die Leute geben auch 100 Euro für ein Abendessen aus. Warum darf ein guter Wein nichts kosten?", blitzt der Betriebswirt durch. Renčels Weine mit dem Namensschriftzug auf dem Etikett fehlen in keinem der besseren Restaurants. Auch der wunderbare Balsamico-Essig wird von Spitzenköchen bevorzugt.

Bevor wir uns verabschieden, führt uns Joško in den alten Weinkeller. Dort zeigt er auf ein dunkles Eichenfass, in das die Jahreszahl 1912 eingraviert ist. Österreichisch-ungarische Soldaten hätten es hier gelagert, bevor sie 1914 in den Krieg gezogen sind. Sie wollten das Fass später wieder abholen. Der Wein ist am Hof geblieben, denn „keiner ist zurückgekommen, alle sind gefallen", bemerkt Renčel bitter. „Die Großmutter hat erzählt, dass der Wein gut gewesen ist." Das Fass ist übrigens noch immer in Verwendung. ∎

Joško ist ein beeindruckender Weinphilosoph.

Gasthaus mit Fleischerei

Gostilna Ukmar
Dutovlje 61
Slowenien

Tel. +386 5 7642123

• *Karstküche*
• *Terrasse*

Für Kenner ist Slowenien das neue Fein-schmeckerparadies. Das kommt nicht von ungefähr: Die Küche ist ehrlich, unverfälscht, man besinnt sich ohne Scheu der althergebrachten Rezepte und vor allem der Lebensmittel, die saisonal und regional zu haben sind. Die Gasthäuser sind unprätentiös, kommen meist ohne Schnickschnack zurande und strömen noch die Atmosphäre des Gemütlichen aus, jener Zeit, als das Wort „Stress" ein Fremdwort war.

In der Gostilna Ukmar in Dutovlje lebt eine sympathische Symbiose aus Karst und Balkan. Hier schmeckt der grob geschnittene Karstschinken genauso gut wie Čevapčiči und Baklava. Wirtin Nada Slijepčević verwöhnt ihre Gäste mit Bistecca fiorentina vom Rind und – wie in dieser Gegend üblich und ohne Vorbehalte – vom Fohlen. Die Speisekarte lädt zu einer Rundreise durch den Mittelmeerraum ein. Traditionelle slowenische Gerichte, Fischspezialitäten, Meeresfrüchte, vegetarische Kost, Grill- und Wildspezialitäten. Der Gostilna angeschlossen ist eine Fleischhauerei, etwas, das einer Küche noch immer gutgetan hat.

Wie es sich in gestandenen slowenischen Gasthäusern so gehört, gibt es reichlich Sitzplätze für ausgedehnte Feiern und Familienfeste. ■

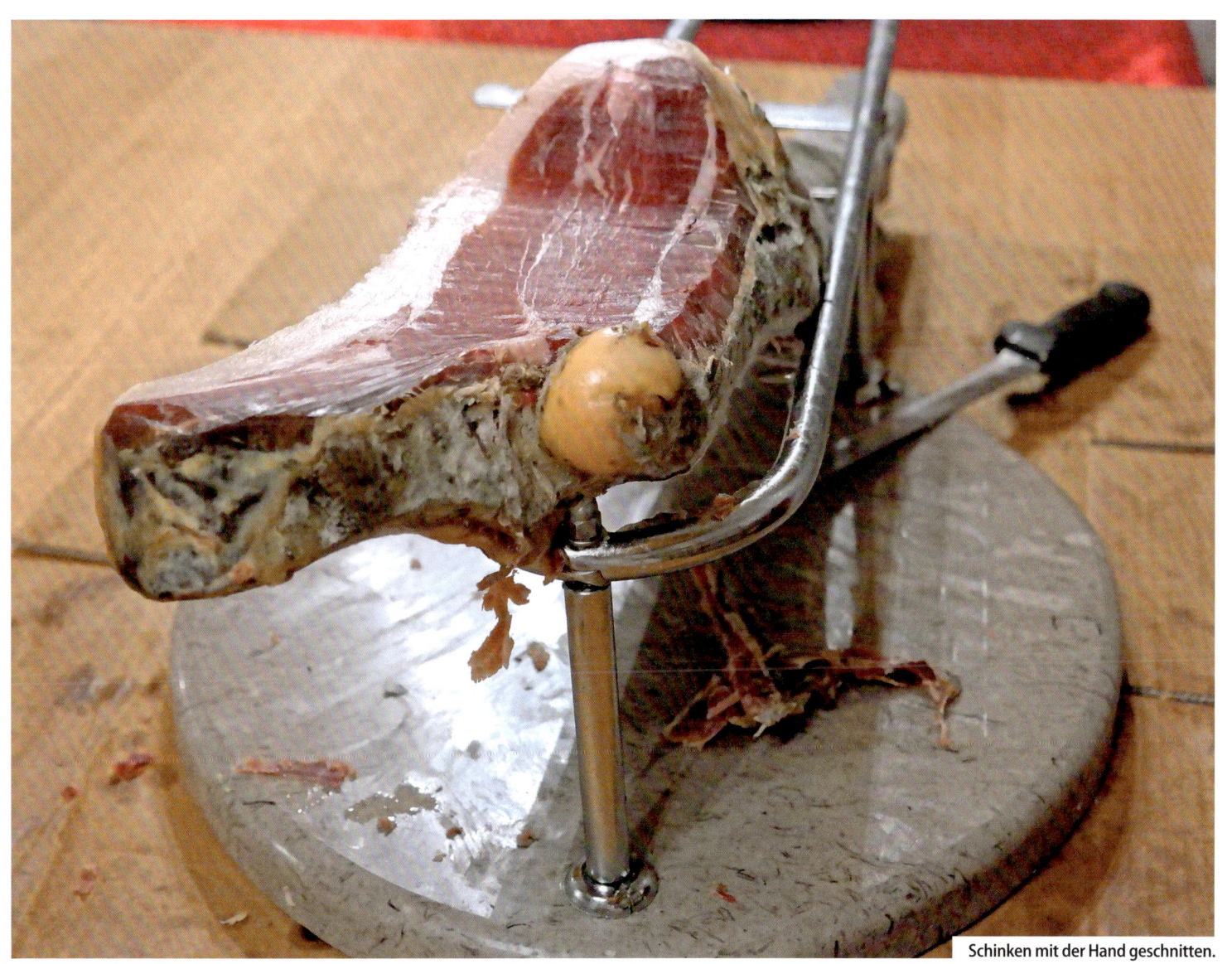

Schinken mit der Hand geschnitten.

Edi Kantes Chardonnay

Die Bora gab den Ton an

Was hat Beethovens 4. Sinfonie in B-Dur mit dem Chardonnay Selezione „La Bora" von Edi Kante zu tun? „So wie das Werk Beethovens von freundlichem, idyllischem Gestus ist, so strömt ein zurückhaltender, aristokratischer Wein aus dem Glas, der sich von Minute zu Minute verändert, aufbaut und Ecken und Kanten offenbart." Der Kärntner Weinexperte Hannes Tschemernjak, der sich seit 25 Jahren mit Weinen, Winzern und klassischer Musik beschäftigt, umschreibt so seinen Lieblingswein, den Chardonnay „La Bora" von Edi Kante. „Den Wein muss man aus Burgundergläsern und mit einer Temperatur von um die zwölf Grad verkosten, im Hintergrund Beethovens 4. Sinfonie", gibt Tschemernjak Anweisungen zum ultimativen Genuss. Dass er ausgerechnet einem Chardonnay aus dem Karst verfallen ist, hat eine besondere Geschichte.

Der stürmische Erfolgswinzer aus Prepotto, Edi Kante, ist seit 25 Jahren Tschemernjaks persönlicher Freund – und Letzterer der erste Verkäufer seiner damals noch weitgehend unbekannten Weine. Bei einer ausgedehnten Verkostung in Kantes Weinkeller im Herbst des Jahres 2003 setzte ihm der Winzer

einen Wein vor, an dem er selbst zweifelte. Unzugänglich und verschlossen sei er. „Das wird nichts", meinte Kante enttäuscht. Zumal ein Chardonnay nicht gerade zu den typischen Weinen gehört, die in der kargen Karstlandschaft angebaut werden.

Hannes war anderer Meinung als der experimentierende Winzer, der heute zu den Besten im Karst zählt und mittlerweile Kultstatus erlangt hat. „Ich glaube an den Wein. Der muss noch reifen, dann wird ein ganz Großer aus ihm", redete Hannes auf seinen Freund ein und versprach, ihm alle Flaschen abzukaufen. Während die Freunde über Wein philosophierten, tobte draußen die Bora. „Der Wein muss La Bora heißen", rief Hannes spontan. Kante fügte noch seinen Namen und ein Etikett mit dem Molo Audace von Triest, über den die boragepeitschte Gischt fegt, hinzu. Dann war der Wein sieben Jahre lang vergessen.

Im Herbst 2010 kosteten die Freunde erneut. Geruch und Geschmack wehten sie fast um. „Er ähnelte einem tollen Mersault aus Burgund mit salzigen Noten", erinnert sich Hannes.

Hannes Tschemernjak (links) mit Freund und Winzer Edi Kante

Etwa 3 000 Flaschen davon lagern jetzt im Weinkeller von Hannes Tschemernjaks „Enothek Nobilvini" in Villach. Ein Wein gegen den Mainstream und doch ein Liebling der Weinkenner. Wenn Kultwinzer Edi Kante manchmal schüchtern, manchmal wortgewaltig seine Meinung vertritt, würden drei Seelen – die slawische, italienische und altösterreichische – in Wettstreit treten. Wie sein Wein.

„Wer den knochigen, salzigen Wein genießen will, braucht einen fortgeschrittenen Gaumen", sagt Tschemernjak und vergleicht ihn mit dem Karst und seinem Freund Kante. Dieser (und der Wein) sei geprägt von der kargen Landschaft und nicht auf Kuscheln ausgelegt. Und Daniel Barenboim dirigiert die „Vierte" im Hintergrund. ∎

Nun gab es kein Halten mehr. „Die Selektion La Bora di Edi Kante" wurde 2012 bei Parker, der Bibel für Weinexperten, eingereicht. Die zweite Überraschung: Robert Parker katapultierte Kantes Chardonnay mit 94 von 100 Punkten in den Olymp der italienischen Weißweine charaktervoller Prägung. „Ich war stolz, dass es dieser Chardonnay geschafft hatte, der auch ein bisschen auf meinem Mist gewachsen war."

Auf blütenweißen Tischtüchern

Gostilna Ravbar

Dol pri Vogljah 5
Dutovlje/Slowenien

Tel. +386 5 7346180

• *Karstküche*
• *Terrasse*

Ravbar heißt im Slowenischen das, wonach es sich anhört, nämlich Räuber. Da das heute heimelige Gasthaus direkt am Ende einer Brücke liegt, kann man sich lebhaft vorstellen, dass an dieser Stelle einmal Räuber lagerten, um die Reisenden, die dort auf dem Weg in den Norden vorbeikamen, zu berauben.

Heute raubt höchstens die Küche des Familienbetriebes dem geneigten Besucher den Atem, denn nicht nur die Speisefolgen sind höchst gelungen, auch das gemütliche Ambiente ist nach Art eines gutbürgerlichen slowenischen Gasthauses. In der Stube mit den kleinen Fenstern, vor dem rote Pelargonien wachsen, sind die Tische blütenweiß gedeckt. Darauf machen sich die Karaffen mit süffigem Terran besonders gut und auch die kleinen Vasen mit bunten Blumen sind höchst dekorativ. Kleine Stuben daneben laden zum intimen Tafeln.

Joško, der mit Mama Darinka in der Küche zugange ist, folgt streng den Jahreszeiten. Mit einer leichten Küche im Frühjahr, die die Kräuter der Region, das frische Gemüse, den wilden Spargel miteinbezieht, und einer deftigen im Winter, die sich auf Kürbisgerichte, deftige Suppen und Fleischspeisen konzentriert. Kalbs- und Lammbraten, die seit dem Morgen im Rohr schmurgeln, zergehen auf der Zunge. Mitsamt den mitgebratenen Kartoffeln das Beste, was man weit und breit in dieser Qualität bekommen kann.

Hier hält man auch die Tradition der slowenischen Süßspeisen hoch. Köstlichkeiten wie Gibanica, Zwetschkenknödel mit viel Zimt und Zucker und süße Cremen mit Beeren sind Standard. Aufgetragen von Joškos liebenswürdiger Schwester, Alica, sind sie besonders schmackhaft. „Wir wechseln die Speisekarte zu jeder Jahreszeit", erklärt sie. Ja ja, grundehrlich, so wie es sich gehört. ■

Joško mit den fleißigen Damen des Hauses

Peter Patajac

Vom Geschmack der Kindheit

Okrepčevalnica Ruj
Dol pri Vogljah 16
Dutovlje/Slowenien

Tel. +386 5 7341720

Dol pri Vogljah. Kein Tourist würde sich in den winzigen Ort bei Opicina, gleich ein paar Meter hinter der ehemaligen Grenze zwischen Italien und Slowenien, verirren, gäbe es dort nicht zwei hervorragende Gasthäuser (Ravbar und Ruj) und mit Peter Patajac einen der besten Köche Sloweniens.

Patajac wehrt sogleich ab. „Vielleicht einer der guten, aber sicher nicht der beste." Nur wenige Gäste gleichzeitig können sich von seinen Kochkünsten und jenen seiner Frau Vildana überzeugen. Ihr Lokal Okrepčevalnica Ruj fasst höchstens 30 Personen. Der Koch aus Sežana hat es vor 15 Jahren erworben. „Damals gab es simple Teller, ein lokales Restaurant für lokale Menschen", sagt Peter. Okrepčevalnica – wen die Bezeichnung ratlos zurücklässt, der findet im alten Deutsch-Slowenisch-Wörterbuch des Lexikografen France Tomšič die für unsere Ohren lustige Übersetzung „Erfrischungsraum oder Erfrischungszimmer". Heute würde man wohl Imbissstube dazu sagen. Schon interessant, dass einer der talentiertesten jungen Köche Sloweniens sein gemütliches kleines Refugium so bezeichnet.

Viel habe sich aber auch bei ihm nicht geändert. „Du kannst von der Einfachheit der Gerichte nicht flüchten. Es gibt keinen anderen Weg, als authentisch zu bleiben. Es war mein einziges Glück, nicht von diesem Weg abgekommen zu sein." Jetzt seien die einfache Art zu kochen, die regionalen Gerichte und die Verwendung hochwertiger regionaler Lebensmittel hoch modern geworden. „Somit bin ich auf dem richtigen Weg", ist Peter überzeugt. Er ist stolz darauf, dass sich ständig neue Lieferanten melden, die ihm ihre einzigartigen Produkte anbieten. „Es wäre ein Schmäh, zu sagen, dass man nichts zukaufen muss", sagt er mit entwaffnender Ehrlichkeit. Im Winter gibt es kein frisches Gemüse, und wenn der Schinken- oder Polentalieferant ausverkauft ist, ist es eben so. Seine Philosophie: Nur, was es gerade frisch gibt, hält Einzug in die Töpfe. Mit Sicherheit keine Erdbeeren oder kein Spargel im Jänner.

Wie ein roter Faden zieht sich die Geschmackskombination von süß und pikant durch seine Gerichte. Beispielsweise gibt es Ziegenfilets mit karamellisierter Terransauce oder Schweinsrippenstücke mit einer süßlichen Kastaniencreme. Dafür hat

Peter und Vildana Patajac, ein kongeniales Paar.

der Küchenchef eine einfache Erklärung. „Das ist der Geschmack meiner Kindheit, zu dem kehre ich immer wieder zurück." Seine Mutter habe einfaches Siedefleisch mit einer süßen Sauce aus Terran und Stampfkartoffeln auf den Tisch gebracht. Diesen Geschmack werde er nie mehr vergessen. „Sweet and salty herrscht in berühmten Küchen vor. Wir hatten das schon längst, man braucht sich nur zu erinnern."

Sein Weinschrank ist voll von bekannten Etiketten wie Renčel oder Marko Fon. Er suche aber immer wieder nach neuen Gesichtern, weil sie gut für Überraschungen sind. Emil Tavčer zum Beispiel sei ein junger Experimentierer unter den Topwinzern aus Slowenien.

Durch die Nähe zu Triest stamme seine Hauptklientel aus Italien, erzählt Peter Patajac. „Italiener lieben das gute Essen."

Seine Frau Vildana sei ebenso talentiert wie er, betont er abschließend noch und streut ihr Rosen für ihren guten Geschmack. Sie konzentriere sich vor allem auf Vorspeisen und Desserts. Kennengelernt habe er sie – wie könnte es anders sein – in der Küche. ■

Gasthaus für alle Jahreszeiten

Gostilna Škok
Štorje 27
Sežana/Slowenien

Tel. +386 5 7865409
www.gostilna-skok.com

- *Karstküche*
- *Terrasse*
- *Zimmer*

Wer keine Vorbehalte hat, das als gesund erklärte Fohlenfleisch zu essen, kann es sich in der Gostilna Škok gemütlich machen. Keine Angst, die Steaks stammen nicht vom nahen Lipizzanergestüt Lipica, sondern von ungarisch-arabischen Vollblütlern, die Familie Škok selbst züchtet.

Es gibt aber nicht nur Fohlensteaks in Terransauce, das Haus ist auch berühmt für seine Wildspezialitäten, für Gegrilltes und getrüffelte Gnocchi. Daher ist die Gostilna auch ein heißer Tipp für den Herbst. Zu Martini landen die fett gefütterten Gänse in der Pfanne, und wenn der Frühling grün und üppig ins Land zieht, bringt er den wilden Spargel und die Kräuter von den umliegenden Wiesen mit in die Küche des hübsch renovierten Gasthauses mit gemütlicher Terrasse.

Und wenn man schon einmal hier ist, sollte man die Terra-Rossa-Zone des Karsts kurz verlassen, um einen Sprung nach Lipica zu machen – und sich dort die fröhlichen Sprünge der jungen Lipizzaner anzusehen. Es gibt ständig Vorführungen, aber man kann sie auch im Freien bewundern. 1580 wurde das Gestüt von Lipica von Erzherzog Karl II. gegründet. Bis 1918 haben dort die Habsburger Pferdezucht betrieben. Der Karster, wie der Lippizaner früher genannt wurde, hat schließlich den Namen vom Gestüt Lipica bekommen. Die Fohlen kommen übrigens kohlrabenschwarz zur Welt. Die berühmte weiße Farbe bekommen sie erst viel später, wenn sie auch schon zugeritten sind und ihre Kunststücke in der Spanischen Hofreitschule in Wien vollführen dürfen. ◼

Schöne Natur rund um die Gostilna Škok

Entspannter Tag gefällig?

Gostilna Domačija Šajna
Šepulje 33
Sežana/Slowenien

Tel. +386 5 7641096

- *Karstküche*
- *Garten*
- *Zimmer*

Ein Hof mit alten Bäumen, ein Steinhaus mit typischem Balkon, ein paar antik eingerichtete Zimmer und eine Küche zum Danke-Sagen. So stellt man sich ein gemütliches Gasthaus wie zu alten Zeiten vor. Tatsächlich wurde der Karstgutshof vor vielen Jahren in ein Restaurant umgebaut, in dem man gut essen und trinken kann. Zum Beispiel schneidet man hier den dunkelroten Karstschinken mit der Hand von der Keule, Käse und Salami der Region sind von den Bauern produziert und von bester Qualität.

Im Herbst ist Trüffelzeit dem freundlichen Anwesen. Da werden die hausgemachten Fuži (kurze gedrehte Nudeln), Tagliatelle und Gnocchi mit einer dicken Schicht istrischer Trüffel bedeckt. Im Frühjahr bekommt man hingegen Risotto mit Šparuge (wilder Spargel). Immer zu empfehlen ist der Braten (vom Schwein und vom Kalb) aus dem Ofen mit Kartoffeln und Gemüse.

Gemütlichkeit beim Šajna

Im Garten unter den schattigen Bäumen lässt sich ein herrlich entspannter Tag verbringen. Man kostet den rauen Terran und träumt entspannt vor sich hin. Apropos träumen: Nach einem ausgiebigen und kalorienreichen Mahl ist es ratsam, eine Übernachtung in einem der Zimmer mit den alten Möbeln und Spitzenvorhängen vor den Fensterchen einzuplanen. Nach einem opulenten Abendmahl mit ausreichend Hauswein gibt es nichts Angenehmeres, als nur noch die Stiegen hinaufzuklettern und dort im Zimmer in ein weiches Bett zu fallen. ■

Innovative Traditionsküche

Turistična kmetija Špacapanova hiša
Komen 85/Slowenien

Tel. +386 5 7660400

- *Karstküche*
- *Terrasse*
- *Zimmer*

Es ist ein unscheinbares Haus mitten in Komen, in dem sich die Gostilna Špacapan verbirgt. Gourmets spüren sie allerdings sogleich auf, denn sie hat einen weithin guten Ruf. Schon früh hat die Familie den einfachen Pfad gediegener slowenischer Küche verlassen und ihr, ohne dabei die schmackhaften Gerichte zu vernachlässigen, viele innovative Akzente aufgesetzt.

Dazu bedient sich die Küchenbrigade der Produkte aus der Region, von örtlichen Produzenten. Ob es nun Käse, Honig, Fleisch, Gemüse, Kräuter oder Wein ist. Den Merlot von Renčel findet man genauso wie die Weine von Lisjak, Čotar und verschiedensten namhaften Winzern aus der Goriška Brda.

Wann immer es kulinarische Initiativen der regionalen Wirte umzusetzen gilt, Špacapan ist immer engagiert dabei. Ob im Frühjahr oder Herbst. Dann gibt es besonders fein komponierte Degustationsmenüs mit mehreren köstlichen Gängen zu moderaten Preisen. Zum Beispiel Frischkäse von der Ziege mit Kräutern, Mlinci, also grob geschnittene Nudeln, mit wildem Spargel oder ein zartes Karstlämmchen. Bei den Desserts kramt Špacapan in der reichen Rezeptsammlung der Großmutter. ◾

Slowenische Küche zwischen
Tradition und Moderne

Bärige Entspannung

Gostilna Jažbec
Tupelce 12
Štanjel/Slowenien

Tel. +386 5 7691060

- *Karstküche*
- *Garten*

Das Gasthaus liegt auf der halben Strecke von Štanjel nach Kobjeglava. Hier trifft die Bezeichnung Slow Food in jedem Fall zu. Hast und Eile stehen einem Mahl in der gemütlichen Gostilna nicht gut an. Man sollte sich Zeit nehmen, um die bodenständige, liebevolle und einfallsreiche Küche genießen zu können. Im slowenischen Teil des Karsts ist die Gastronomie sowieso um einen Deut entspannter. Das gastronomische Angebot ist zwar nicht so vielfältig wie auf der italienischen Seite, wenn man sich aber für Qualität und Gastlichkeit entscheidet, dann liegt man bei Jažbec goldrichtig.

Der Wirt ist ein passionierter Jäger, daher kann man im Herbst durch die Wildgerichte streifen, dass es eine wahre Freude ist. Kaum zu glauben, aber hin und wieder gibt es sogar Bärenschinken oder Bärenpastete – in Slowenien gibt es noch große Bärenkolonien, sodass ein Abschuss nicht verwundert. Vor allem aber überwiegen Speisen aus Zutaten der Saison wie Kürbis, Spargel, Kräuter.

Der Wein stammt aus dem eigenen Weinbau. Etwas Besonderes ist der Terransekt, der den Namen „Chateau Intanto" trägt.

Kirche St. Daniel in Štanjel

Ein Hort der Ruhe ist im Sommer der gepflegte Garten, aber auch die Stuben in der Gostilna haben ein angenehmes Ambiente. ■

Eine Perle im Dorf

Restaurant
Gostilna Kobjeglava
Kobjeglava 63 a
Štanjel

Tel. +386 5 7310080
www.q-komel.com

- *Karstküche*
- *Gastgarten*

Früher wurde das Lokal „Königreich des Schinkens" genannt, doch der Schinkenkaiser machte pleite und so schlug zum Glück Simo Komels Stunde. Er schuf ein neues Reich, aber mit Schinken, die er selbst auf einem nahen Bauernhof produziert. Schinken so aromatisch und zart, dass er eines Königs würdig ist.

Eine Verkostung von verschieden lange gereiften Sorten (es gibt neuerdings auch Rinderschinken), kann man sich genauso gönnen wie ein ausgiebiges Menü, das die Karstaromen auf sich vereint. Zum Beispiel frittierte Zucchiniblüten oder eine Pasta mit einem Ragù aus mürbem Ochsenschwanzfleisch. Simo nimmt sich Zeit für seine Kreationen. So kann es vorkommen, dass ein Lämmchen den ganzen Tag bei Niedrigtemperatur im Ofen gart und dann mit umwerfender Zartheit besticht.

Bei den Weinen bedient sich das Ehepaar Komel beim Nachbarwinzer Colja und tut gut daran. Sein Terran passt bestechend gut zum Pršut.

Als Gast freut man sich über die Entdeckung dieser Perle am Ende einer unscheinbaren Straße: das schicke, moderne Karstambiente, den wunderbaren Innenhof und das kompetente Service. Und schließlich über die leistbaren Preise für diese Topqualität. ◼

Im Innenhof des schicken Lokals

Nicht nur Schinken

Die geheimen Rezepte der Signora

Trattoria al Pozzo
San Lorenzo/Jezero
San Dorligo della Valle/
Dolina

Tel. +39 040 228211

- *Karstküche*
- *Terrasse*

So romantisch das Rosandra-Tal auch ist, die Auswahl an Gastronomie in der zerklüfteten Gegend hält sich in engen Grenzen. Hier konzentriert man sich vor allem auf die Produktion von besonderen Olivenölen und auf die Weinreben, die an den sonnigen Hängen gedeihen.

So bleibt auch die Trattoria al Pozzo weitgehend ein kulinarisches Geheimnis. Vor allem für Touristen, denn die Einheimischen wissen schon, wo sie hinzugehen haben, um ordentliche Gerichte genießen zu können. Übrigens auch die Österreicher, die es immer wieder in die versteckte Trattoria zieht.

Auf der Terrasse eröffnet sich ein toller Blick auf die grüne Oase des Val Rosandra, sogar im Winter, wenn das Hochtal manchmal mit Schnee bedeckt ist.

Die Nachbarschaft beliefert Pierpaolo, Olimpia und Gigi mit ausgezeichneten Produkten, daher ist es auch einfach, etwas Gutes auf den Tisch zu bringen. Signora Olimpia besteht darauf, dass alles frisch und von bester Qualität ist. Ein gut gehütetes Rezeptgeheimnis sind die sensationellen Gnocchi di susine, gefüllt mit Zwetschken aus dem Garten. Nur in ihrem Kopf aufbewahrt sind auch die Rezepte für ihre Jota, die Tagliatelle mit verschiedenen Saucen, die Kalbs- und Schweinsstelzen oder die Kirsch- und Apfelstrudel. Also nichts da mit Nachkochen. ■

Gnocchi di susine – ein Traditionsgericht

Frosch, aber nicht zum Küssen

Locanda Mario
Draga S. Elia
San Dorligo della Valle/
Dolina

Tel. +39 040 228193
www.locadamario.
wpeople.it

• *Karstspezialitäten*
• *Frösche*
• *Schnecken*
• *Garten*
• *Zimmer*

Hier hört man nur noch Frösche quaken und Wölfe heulen, könnte man meinen. Der einsame Karstweiler Draga Sant'Elia möchte erst einmal gefunden werden. Hat man ihn aufgestöbert, ist es nicht mehr weit zur Locanda Mario – eine Herberge für Hartgesottene. Vor allem für Gourmets, die das Besondere schätzen und sich nicht ekeln, sondern kosten. Sicher ist es Anschauungs- und Geschmackssache, aber man braucht die Frösche ja nicht gleich zu küssen.

Bekommt man doch hier, was sich Feinschmecker sonst nur unter vorgehaltener Hand erzählen. Nämlich Frösche, Schnecken und Pferdesteaks. Und natürlich Wildspezialitäten, denn wilde Tiere gibt es in der gottverlassenen Gegend genug.

Im Keller der Locanda lagert ein beachtlicher Weinvorrat – wahrscheinlich, um den Winter besser zu überstehen. Hier gibt es Tröpferln, die etwas Besonderes sind. Zwei der Extravaganzen: der „Dolina Bianca" und der „Dolina Rossa" von Rado Kocjančič aus Crogole. Sie passen zu den interessanten Speisen, für die man weit fahren muss. Zum Beispiel eine Schneckenfrittata, Spaghetti mit *sugo di rana*, was sich besser anhört als Froschsugo, Schnecken aus dem Ofen, Schneckenragù mit Polenta. Die Krönung ist ein Filetto di cavallo, das nur mit gutem Olivenöl und ein wenig geschrotetem Pfeffer auskommt. Wer es mag, bekommt es hier in hervorragender Qualität. ■

Auf dem Hügel von Muggia

Taverna Cigui
Via Colarich Natale 92
Muggia

Tel. +39 040 273363
www.tavernacigui.it

- *Fisch*
- *Terrasse*
- *Zimmer*

Der Ausdruck „Taverne" ist etwas untertrieben für das Gasthaus auf dem Hügel von Santa Barbara, oberhalb des Hafenstädtchens Muggia. Wenn man es gefunden hat – und das ist gar nicht so leicht –, hält man erst einmal die Luft an, weil die Aussicht einfach atemberaubend ist. Man lässt den Blick über Oliven- und Weinberge schweifen und gestattet ihm dann, im tiefblauen Meer am Horizont zu ruhen.

Während man als Gast in die Aussicht versunken ist, sind Paolo und die Familie in der Küche zugange.

Paolo ist jedenfalls ein flexibler Wirt. Als wir bei ihm wegen eines Tisches für vier Personen anfragten, hatte Cigui gerade seinen Ruhetag. Doch Gäste abweisen gibt's nicht. Paolo bot spontan an, seine Küche für uns zu öffnen. Wir sollten nur kommen, man werde schon etwas Ordentliches auf den Tisch zaubern.

Es war mehr als ordentlich, was er uns auftischte: kalte und warme Fischvorspeisen und seine absolute Spezialität, besonders knusprig frittierte Sardinchen, Tintenfischchen und verschiedenes Gemüse

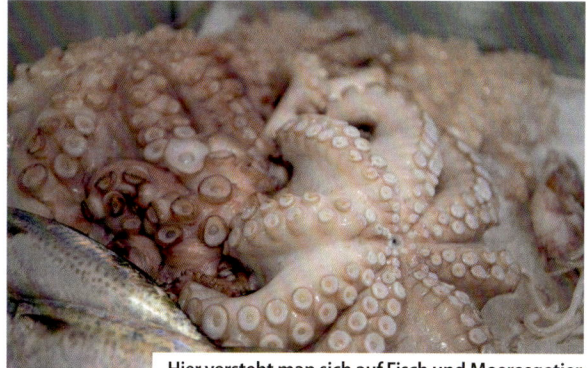
Hier versteht man sich auf Fisch und Meeresgetier.

in einem zarten Tempurateig. Japaner hätten ihre Freude damit. So frisch wie köstlich. Ein Berg von Muscheln in Weißweinsauce und Tagliatelle mit Meeresfrüchten folgten, so als hätte die Familie schon auf uns gewartet. Dann schob er auch noch einen Branzino mit Kartoffeln und Tomaten in den Ofen. Der heimische kühle Wein schmeckte vorzüglich dazu.

Solcherart genossen wir seine liebenswürdige Gastfreundschaft den halben Nachmittag – und durften ob unserer Zufriedenheit tief durchatmen. ▪

Große Küche im kleinen Lokal

Enoteca Patriarca
Corso Buzzini 129
Muggia

Tel. +39 338 7447191

- *Fischküche*
- *Einige Tische
  in der Gasse*

Eigentlich würden Gina und ihr Mann Roberto das winzige Lokal in einem alten Haus mitten in der Fußgängerzone von Muggia gerne verkaufen. Nachfolger gibt es keinen und die Arbeit wächst ihnen schön langsam über den Kopf. Die Gäste sind allerdings heilfroh, dass Gina noch immer hinter dem Herd steht und ihre unwahrscheinlich köstlichen Fischgerichte in der winzigen Küche zubereitet. „Wir kennen Gina und Roberto schon lange. Das ist bestimmt das beste Lokal in Muggia", schwört ein Stammgast, der seit mehr als zehn Jahren herkommt.

Alles in dem Lokal scheint mini. Zu ebener Erde passen gerade einmal zwei Tische hinein und der erste Stock, der über eine steile Treppe zu erreichen ist, bietet Platz für höchstens zehn Personen. Im Sommer stehen in der schmalen Gasse ein paar Tische und Sessel, wo man stilvoll essen kann. Es ist schon mühsam für Roberto, mit den Tellern die Stiegen auf und ab zu laufen, fast hat man ein schlechtes Gewissen, wenn man im ersten Stock Platz nimmt.

Alles, was Gina kocht, ist tatsächlich exzellent. Sei es das cremige Baccalàmus, das Rollgerstenrisotto mit Meeresfrüchten, die Spaghetti mit Scampi oder ein ganzer Branzino aus dem Rohr.

Mittlerweile wirklich die beste Adresse im Ort – La Risorta am Hafen hat ja seine Tore für immer geschlossen, was die Stammgäste sehr bedauern. ■

**Roberto und Gina in
der kleinen Trattoria**

Fischer am Werk

La Terrazza
Ittiturismo
Molo Colombo
Muggia

Tel. +39 040 275331

• *Fisch*

• *Terrasse*

Die wohlklingende Bezeichnung „Ittiturismo" beschreibt ein umfangreiches Angebot von lokalen Fischern, die neben ihrer Tätigkeit auf dem Meer ein eigenes Lokal an Land betreiben, in dem die Fische ganz frisch und einfach zubereitet werden.

La Terrazza auf dem Molo Colombo in Muggia ist ein solches. Das Fischerboot der Kooperative ist direkt vor dem Lokal am Molo vertaut. Nur sollte man ausschließlich im Sommer oder bei Schönwetter dort einkehren, denn das Lokal besteht nur aus einer Terrasse (teilweise überdacht). Dort oben ist es aber durchaus gemütlich. Man kann den Blick weit über das Meer bis in den Hafen von Triest schweifen lassen, während man auf die Segnungen der Küche wartet.

Die Gerichte sind einfach wie das Gasthaus – Muscheln, Scampi, Makrelen, Branzino – alles, was das Meer so hergibt – werden gegrillt oder gebacken.

Man speist auf der Terrasse des Ittiturismo.

An dem Durcheinander von Netzen, Tauen und allerlei anderem Fischereizubehör sowie den mageren streunenden Katzen auf der Mole darf man sich nicht stoßen. Das ist eben so hierzulande. Aber frischer als hier wird man Fisch wohl kaum vorgesetzt bekommen. Und der Wein ist günstig – und süffig. ▪

Das Märchenschloss an der Adria –
Miramare von Massimiliano und Carlotta

Die besten Fünf

… sind ein Sammelsurium an Stimmungen, Momentaufnahmen, Highlights und persönlichen Empfehlungen. Natürlich erlauben sie keine Vollständigkeit, aber dafür bieten sie mit reichlich Herzblut ausgewählte Besonderheiten in Triest und im Karst, die man besucht, erlebt oder verkostet haben sollte. In der Kürze liegt (manchmal) die Würze. Und so sind die besten Fünf eine Anregung, sich selbst auf die Suche zu machen – nach Bestätigung, Ergänzung, Abänderung. Neuentdeckungen sind garantiert.

Ferienbauernhöfe (Agriturismi)

Meer in Sichtweite

Fruške
Medeazza/Medjevas 7
Tel. +39 040 208375
www.fruske.com

Im Karstdorf Medeazza ist das Meer in Sichtweite, der Bauernhof liegt mitten im Grünen. Die selbst erzeugten Produkte wie Wein, Honig, Gemüse und Olivenöl kann man verkosten, kaufen und zum Frühstück genießen. Es gibt acht schöne Zimmer.

Nirgendwo wohnt und isst man authentischer als in Agriturismi.

Bauernhof mit Pferden

Andrej Kosmač
Dolina 528
San Dorligo della Valle/
Dolina
Tel. +39 338 8838810
www.dolgakrona.com

Die Besonderheit dieses Weinbauernhofs ist die angeschlossene Reitfarm Dolga Krona. Von hier kann man Reitausflüge ins Val Rosandra unternehmen, wandern, die umliegenden Olivenbauern besuchen und ihre Öle verkosten. Eine Freude ist auch Kosmačs Wein.

Wohnen zwischen Perlhühnern

Škerlj
Sales/Salež 44
Tel. +39 040 229253
www.kristinaskerli.it

Schön wohnen, gut essen und trinken und ein typisches Karstambiente erleben. Diese unschlagbare Kombination gibt es auf diesem Bauernhof. Was am Hof herumläuft, kommt auch in die Töpfe: Perlhühner, Hühner und frisches Gemüse.

Natur als Abenteuerspielplatz

Hermada
Ceroglie/Cerovlje 1
Tel. +39 040 299501
www.agriturismo
hermada.it

Das Meer ist einen Steinwurf entfernt und doch ist man mitten im Karst. Ein Abenteuerspielplatz für Kinder. Von Freitag bis Sonntag gibt's ein deftiges Mahl mit Schweinsstelze, Pasta und Grappa. Am Wochenende gibt's ein Griss um die 110 Sitzplätze.

Bekannt für feine Suppen

Turistična kmetija Škerlj
Tomaj 53
Dutovlje/Slowenien
Tel. +386 5 7640673
www.tk-skerlj.si

Bauernhof inmitten des slowenischen Karsts. Je nach Saison gibt es Pilz-, Kürbis- oder Gemüsesuppen mit Fleisch. Kalbsbraten, Schweinefleisch in Weißwein geschmort. Die Apartments und Zimmer sind stilvoll eingerichtet, schön für einen Kurzurlaub.

Hotels

Luxus pur in Portopiccolo

Falisia, a Luxury Collection Resort & Spa
Portopiccolo
Sistiana/Sesljan 231 M
Duino Aurisina
Tel. +39 040 9974444
www.falisiaresort.com

Es ist das luxuriöseste Fünfsternehotel (Starwood-Gruppe) in der Region, das Styling ist einem Schiff nachempfunden. Wunderschöne Lage auf der Piazza Grande mit Blick auf den Hafen. Angeschlossen sind mehrere Restaurants, ein Spa und ein eigener Strand.

Wohnen wie im Garten Eden

Hotel Eden
Sistiana/Sesljan 42/A
Tel. +39 040 2907042
www.edensistiana.it

Zentral gelegenes Familienhotel mit hübsch eingerichteten Zimmern in Sistiana. Hervorragendes Frühstück und freundliches Service. Angeschlossen ist das Restaurant Vanilija (siehe Seite 75). Gute Infrastruktur ganz in der Nähe.

Nettes Hotel mitten in Sistiana.

Mit Aussicht bis nach Istrien

Kürzlich renoviertes Hotel in atemberaubender Lage hoch über dem Meer, eigenem Strand mit Lift und einem kleinen Spa. Ideal für Meetings und Kongresse. Das Restaurant ist bekannt für die Fischküche.

Hotel Riviera & Maximilian's
Strada Costiera 22
Triest
Tel. +39 040 224551
www.rivieramax.eu

Kleiner Palazzo in der Industriestadt

Das Gebäude aus dem frühen 20. Jahrhundert hat 50 Zimmer. Das Hotel liegt in ruhiger Lage nur wenige Gehminuten vom Stadtzentrum von Monfalcone und der Werft Fincantieri entfernt. Das Frühstück ist unitalienisch reichlich.

Europalace Hotel
Via Callisto Cosulich 20
Monfalcone
Tel. +39 0481 710709
www.europalace.com

Im Herzen der Altstadt

Das Hotel liegt nahe den Überresten des Teatro Romano. Die originell eingerichteten Zimmer sind auf mehrere alte Häuser verteilt, die aufwendig renoviert worden sind. Die verwinkelten Zimmer haben einen besonderen, stylischen Charme.

Hotel Urban
Androna Chiusa 4
Triest
Tel. +39 040 302065

Pensionen

Lupinc hat gleich zwei Gästehäuser in Prepotto.

Übernachten im Steinhaus

Die beiden Gästehäuser des Weinguts Lupinc sind von üppigen Gärten umgeben und bieten einen fantastischen Ausblick. Wenngleich modern, sind sie im authentischen Karststil gebaut. Im Agriturismo Lupinc lässt es sich gut schmausen.

Lupinc
Prepotto/Prapot 11/B
Tel. +39 040 200848 oder
+39 345 57171274
www.lupinc.it

Mitten im Zentrum von Prepotto

Vanda Gruden
Prepotto/Prapot 14
Tel. +39 040 200854
www.myresidence.it

Das alte Haus hat nur wenige Apartments, aber die sind stilvoll eingerichtet. Von Prepotto ist der Blick aufs Meer besonders schön. Zum Essen geht man in die Trattoria Gruden ins nahe San Pelagio.

Streifzüge durch Triests Zentrum

Von der hübsch renovierten Pension mitten im historischen Zentrum Triests kann man ausgiebige Streifzüge durch die Stadt unternehmen. Das Haus bietet antike Möbel, Kunstbücher und ein außergewöhnliches Ambiente.

L'Albero Nascosto
Via Felice Venezian 18
Triest
Tel. +39 040 300188
www.alberonascosto.it

Pension mit Pool und Restaurant

Villa Borgo Duino
Duino/Devin 75
Tel. +39 040 208872 oder
+39 345 8562602
www.villaborgoduino.it

Eine der wenigen Pensionen, die ein schönes Swimmingpool anbieten. Angeschlossen ist ein Restaurant. Zum Strand in Duino Porto und zu den Restaurants Cavalluccio und Dama Bianca sind es nur einige Gehminuten.

Historische Villa im Hafen von Duino

Die Einrichtung ist antik, man hat den Eindruck, als würde gleich Rilke vorbeischauen und durch den Garten flanieren. Die schöne Lage im Hafen ist gut für ein Weekend.

Villa Gruber
Duino/Devin 61/F
Tel. +39 040 208115
www.villagruberalla
damabianca.com

Osmize

Ein Keller in den Karststein geschlagen

Zidarich
Prepotto/Prapot 23
Tel. +39 040 201223
www.osmize.com

Einer der Qualitätsweinbauern im Epizentrum des Terran, mit eindrucksvollem Weinkeller, den der Hausherr gerne herzeigt. Auf Zidarichs Terrasse blickt man bis Grado, während man eine Jause mit Käse, Salami, Schinken und Pasteten genießt.

Mit eigener Grotte

Le Torre di Slivia
Slivia/Slivno
Aurisina Cave/Nabrežina 62 A
Tel. +39 338 3515876
www.osmize.com

Im Garten der stilvollen Osmiza drängen sich an warmen Abenden Einheimische und hin und wieder ein paar Touristen. Besonders interessant ist die private Grotte mit herrlichen Stalagmiten und Stalaktiten, die man nach Vereinbarung besichtigen kann.

Einkehren bei Zidarich

Das Gute kann so einfach sein

Luciana Pahor
Medeazza/Medjevas 14
Tel. +39 328 9685611
www.osmize.com

Mitten auf der Wiese sind einige Tische und Stühle platziert. Es ist eine einfache Osmiza mit ehrlichen Weinen, dazu schöner Aussicht. Die eigenen Schweine liefern die Zutaten für eine ausgiebige Jause.

Mit Weitblick

Dean Verginella
Contovello/Kontovel 460
Tel. +39 348 8049335
www.osmize.com

Dieses Haus ist mit dem Auto nicht zu erreichen. Doch nach einem zehnminütigen Gehweg vom Zentrum von Contovello eröffnet sich eine Osmiza mit Blick über den Golf von Triest bis nach Istrien. Der opulenten Jause zuliebe kommen die Besucher von weit her.

Refugium für die kalte Jahreszeit

Osmica pri Tonhu
Vrabče 25
Sežana/Slowenien
Tel. +386 5 7695229 oder +386 41337214
www.osmica.biz

Während die meisten Osmize in der warmen Zeit geöffnet haben, arbeitet Božo Škapin antizyklisch. Er öffnet seine Osmiza im April und November. Dann freut man sich besonders über einen herzerwärmenden Terran und die gute Jause. Eigene Schweine liefern die Zutaten.

Kaffeehäuser

Ältestes Kaffeehaus Triests

Caffè Tommaseo
Piazza Nicolò
Tommaseo 4
Triest
Tel. +39 040362666
www.caffetommaseo.com

1830 eröffnet, ist es das älteste Kaffeehaus Triests. Einst Treffpunkt des italienischen Irredentismus, der nationalen Bewegung für die Freiheit Italiens. Auch heute ist das Tommaseo Rückzugsort für Künstler und Intellektuelle.

Schwere Luster und jede Menge Edelholz

Logenplatz auf der Piazza Grande

Caffè degli Specchi
Piazza dell'
Unità d'Italia 7
Triest
Tel. +39 040 365777
www.cafespecchi.it

Kaum blinzeln die ersten Frühlingssonnenstrahlen auf die Stadt, sitzen Einheimische und Touristen vor dem 1839 eröffneten Kaffeehaus und genießen den Ausblick Richtung Meer und den grandiosen Platz mit den Palazzi.

Elegant, elegant

Der schwere Luster, Spiegel und die ausladende Bar aus poliertem Mahagoniholz sorgen für noble Atmosphäre. Caffè und Biscotti sind eine unschlagbare Kombination und von bester Qualität.

Antico Caffè Torinese
Corso Italia 2
Triest
Tel. +39 389 6543611

Caffè mit Stil

Antico Caffè San Marco
Via Cesare Battisti 18
Triest
Tel. +39 040 363538

Die wunderschöne Jugendstilausstattung stammt noch aus dem Gründungsjahr 1914. An den Wänden sind Bilder der wichtigsten Triestiner Maler zu finden. Der zeitgenössische Schriftsteller Claudio Magris ist hier häufig anzutreffen.

Einst Arbeitszimmer der Dichter

1867 eröffnet, war das Stella Polare intellektueller Zufluchtsort von James Joyce und seinen Dichterfreunden. Wechselnde Ausstellungen von jungen Künstlern machen das Ambiente heimelig. Schön die Aussicht auf den Canal Grande.

Caffè Stella Polare
Via Dante 14
Triest
Tel. +39 040 632742

Eissalons

Kühler Fixpunkt

Gelateria Fiordilatte
Portopiccolo
Sistiana/Sesljan
Tel. +39 040 9977790
www.portopiccolo
sistiana.it

Der kleine Eissalon ist ein Eldorado für Liebhaber von Gefrorenem, hier wird das Eis nach traditioneller Art selbst hergestellt – das Schokoladeneis aus belgischer Schokolade. Ein süßer Traum sind das Mandel- und Himbeereis. Verführerisch die kreativ bereiteten Eisbecher.

Große Eis-Auswahl in der Gelateria Jazzin

Abkühlung nach dem Shoppen

Gelateria Gran Duino
Via Duino 5/f
Duino/Devin
Tel. +39 040 208109

Wer im Supermarkt Gran Duino vor der Einbiegung nach Duino seine Einkäufe tätigt, sollte einen Stopp im Eissalon am Eingang des Geschäfts einlegen. Man trinkt auf der Terrasse Caffè und genießt große Kugeln Gefrorenes aus Eigenerzeugung.

Tempel für Schokoholics

Schokolade aus Venezuela ist das Grundmaterial für all die Herrlichkeiten, die im Schokoladenparadies mitten im Cavana-Viertel geboten werden. Schokoeis und Pralinen werden mit Zimt, Lavendel und Veilchen parfümiert.

Chocolat, Gelateria
Fedon Aloa
Via Cavana 15 b
Triest
Tel. +39 040 500324

Große Auswahl an kleinem Eis

Nahe der Piazza Unità stehen himmlische Eissorten und exklusive Eiskreationen zur Auswahl. Es gibt neben cremigem Baci- und Mandeleis auch so ausgefallene Sorten wie rotes Tomaten- und grünes Basilikumeis.

Gelateria Jazzin
Via Mercato Vecchio 1/D
Triest
Tel. +39 040 2419261

Frische Milch und reife Früchte

Einige sagen, es sei das beste Eis in Triest – nun, das ist Geschmackssache. Hier werden aber nur erstklassige, frische Zutaten wie Milch, Eier, Schlagobers und Früchte der Saison verarbeitet. Verlockende Eissorten in der großen Vitrine.

Gelato Marco
Via Malcanton 16
Triest
Tel. +39 392 078 8230

Buffets

Treffpunkt für die ganze Stadt

Da Giovanni
Via San Lazzaro 14
Triest
Tel. +39 040 639396

An der Decke baumeln dicke Prosciuttokeulen und die Mortadella ist groß wie ein Wagenrad. Dieses Ambiente macht Geschmack auf mehr. Zum Beispiel auf duftenden Schinken im Brotteig oder auf Kutteln. Zur Mittagszeit Treffpunkt für hungrige Triestiner.

Große Auswahl in der Vitrine

Da Gildo
Via Valdirivo 20
Triest
Tel. +39 040 364554

Im Buffet in der Nähe des Hauptbahnhofs trifft man fast nur Einheimische. Neben dem traditionellen Fleisch im Siedekessel wartet eine schöne Auswahl in der Vitrine: frittierte Häppchen, eingelegtes Gemüse, Pasta und Angebote aus der Meeresküche.

Typische Triestiner Küche

L'Approdo
Via Carducci 34
Triest
Tel. +39 040 633466
www.buffetapprodo.it

Anna und Paolo sind Garanten für authentische Triestiner Gerichte. Der warme, gekochte Schinken, oft im Brotteig, wird von Hand in appetitliche Scheiben geschnitten, dazu gibt's Kren und knuspriges Brot.

Rasten nach dem Einkaufsbummel

Wenn man mitten im Zentrum in der Via San Nicolò auf Einkaufsbummel unterwegs ist, ist La Tecia (die Pfanne) ein heißer Tipp. Schön, wenn man draußen sitzen kann, im Gewölbe ist es recht eng. Das Essen ist einfach, aber gut.

La Tecia
Via San Nicolò 10
Triest
Tel. +39 040 364322

Fisch wie Fleisch

Nur wenige Schritte von der Piazza Unità entfernt offeriert man hier typische Triestiner Küche, die auf Fisch und Fleisch basiert. So gibt es Pasta mit einer köstlichen Muschelsauce oder Würste mit Stampfkartoffeln.

Antico Buffet Benedetto
Via XXX Ottobre
Triest
Tel. +39 040 7600980

Buffets sind typisch triestinisch.

Bars

Große Weine und guter Kaffee

Gran Malabar
Piazza San Giovanni 6
Triest
Tel. +39 040 636226

Walter Cusmich hat es geschafft, sein Stehcafé (mit Gastgarten) zum Hotspot der Wein- und Kaffeeliebhaber zu machen. Angeblich lagern 50 000 Flaschen Wein im Keller, bevorzugt von Karstwinzern. Es ist das Stammlokal des Krimiautors Veit Heinichen.

Bunte Happen zum Drink

Bar Urbanis
Piazza della Borsa 1
Triest
Tel. +39 040 365914

Es ist eine der ältesten Bars Triests, wo sich das Leben draußen abspielt, sogar im (milden) Winter. Was immer man zu trinken bestellt, man bekommt so viele Snacks, dass man schon vor dem Abendessen satt ist.

Süße Kleinigkeiten zu Prosecco und Caffè im Carducci

Das Leben spielt sich draußen ab

Eine der angesagtesten Locations Triests am Ende der „Ess-Straße" Via Torino mit stylischem Ambiente. An langen Holztischen im Freien hängen Trauben von Menschen, die sich nach der Arbeit einen Drink und Plausch genehmigen.

Vescovo
Via Torino 32
Triest
Tel. +39 344 1820600
www.cantinadelvescovo.com

Schicker Treffpunkt zum Aperitif

Die Bar unweit des Canal Grande, dem kleinen „großen" Kanal von Triest, hat eine gediegene Auswahl von Prosecco, Spumante und Champagner parat. Am Abend wird dort richtig gut und ausgiebig gekocht.

Bollicine
Piazza San Antonio
Nuovo 2a
Triest
Tel. +39 040 771041

Berühmt für Champagner & Co

In der eleganten Bar wird eine große Auswahl an Drinks, Prosecco und Champagner geboten. In der Vitrine lockt eine bunte Ansammlung herrlichster Törtchen, zarter Eclairs und Mini-Baisers, denen man nicht widerstehen kann.

Caffè Carducci
Via Duca d'Aosta 83
Monfalcone
Tel. +39 0481 412332

Bäckereien und Konditoreien

Hoch dekorierter Konditor

Saint Honoré
Via di Prosecco 2
Opicina/Opčine
Tel. +39 040 213055
www.sainthonore
trieste.com

Die Fantasie von Meister Roberto Mosenich kennt keine Grenzen. DieTorta Carsolina und die Torta Trieste wurden von einer Jury ausgezeichnet. Schokoladekunst sind die kleinen Straßenbahnen, nach dem Vorbild der Tram von Opicina. Sehr guter Presnitz.

Meister Roberto Mosenich macht feine Torten.

Brot, das schon von Weitem duftet

Panificio Pasticceria Miniussi
Via IX Giugno 94
Monfalcone
Tel. +39 0481 419700

Verführerischer Duft nach frischem Brot kommt einem schon auf der Straße entgegen. Der Bäckermeister versteht sich auch auf die Zubereitung von Torten, Keksen, Croissants und allerlei Leckereien.

Alteingesessener Familienbetrieb

Panificio und Pasticceria Cok
Strada per Vienna 3
Opicina/Opčine
Tel. +39 040 213645

Seit dem Jahr 1871 gibt es in Opicina die Familienbäckerei. Hier findet man Süßes aus der Gegend, zum Beispiel die Potize mit Nüssen oder Mohn und natürlich den Presnitz. Die Familie bäckt mit hauseigenen Zutaten wie Mehl, Nüssen und Feigen.

Bunte Welt der Süßigkeiten

Panificio Viezzoli
Via Antonio Baiamonti 11
Triest
Tel. +39 040 816366
www.barpasticceria
viezzoli.it

Eine wahre Augenweide an süßem Kleingebäck hat die Bar und Konditorei im Stadtzentrum zu bieten. Außerdem eine große Auswahl an Backwaren, ja sogar Schwarzbrot, Triestiner Presnitz, Cremeschnitten und Eis findet man hier.

Mit dem Mehl aus der Steinmühle

Pasticceria Panificio Bukavec
Prosecco/Prošek 160
Tel. +39 040 225220,
040 251068
www.pablobukavec.it

Das Mehl für das Hausbrot wird in der Steinmühle gemahlen und das Brot im Holzofen fabriziert. Es gibt zahlreiche verschiedene Sorten wie Kürbis- oder Olivenbrot. Traditionsgebäck sind die Frittole con l'anima – krapfenähnliches Gebäck mit Grappa getränkt.

Fleischhauereien

Höchst einladend

Macelleria Suppancig
Piaza San Giovanni 6
Triest
Tel. +39 040 636320

Die Fleischhauerei neben der Gran Malabar wirkt, als wäre sie ein nobler Designerladen. In einer Vitrine werden ansehnlich und appetitlich die Fleischstücke (z. B. Kaninchen, Ossobuco, Bistecca fiorentina, Salsicce etc.) präsentiert. Einfach zum Zugreifen.

Feine Auswahl bei Suppancig

Wertvolle Tipps fürs Mittagessen

An der Hauptstraße in Monfalcone befindet sich die Fleischhauerei, die auch Fertig- und Halbfertiggerichte anbietet. Für Interessierte gibt es gute Tipps und Rezepte.

Macelleria Puntin
Via Duca d'Aosta 36
Monfalcone
Tel. +39 0481 410852

Innereien, Hasen und Hühner

Ausgesuchtes Fleisch vom Ochsen, Schwein, außerdem Hühner, Hasen und Innereien (wie gut geputzte Kutteln, Kalbsleber oder Lammnieren) werden in dieser feinen Macelleria angeboten.

Macelleria
Mauro Crispini
Strada per Vienna 15
Villa Opicina/Opčina
Tel. +39 040 2158174

Gut abgelegene Bistecca

Macelleria Zanetti
Via Amilcare Ponchielli
Triest
Tel. +39 040 638352

Hier holen sich die Triestiner ihre Bistecca vom Chianina-Rind. Wunderbar abgelegene Stücke, von denen dicke Scheiben heruntergehackt werden. Selbst gemachte Salsicce gibt es auch.

Qualitätsfleisch für den Grill

Die Fleischerei ist auf Fleisch für den Grill spezialisiert. Auf Wunsch wird es gleich richtig mariniert. Auch die hausgemachten Würste sind sehr zu empfehlen.

Spaccio Carni
Società Cooperativa
Via Redipuglia 158
Ronchi dei Legionari
Tel. +39 0481 474155

Fischgeschäfte

In der Pescheria Deste
gibt's immer frischen Fisch.

Stylische Fischhalle für Genießer

Salumare
Laboratorio del Pesce
Via Cavana 13 a
Triest
Tel. +39 040 3229743

Anzelottis Fischgeschäft und Esslokal ist der Szenetreff der Triestiner im angesagten Cavana-Viertel. Vormittags ist es ein ganz normales Frischfischgeschäft. Zu Mittag wird der Laden mit hauseigener Räucherei von Hungrigen gestürmt. Köstlich die verschiedenen Räucherfische.

Vom Geschäft zum Restaurant

Peschieria La Barcaccia
Piazza Perugino 7A
Triest
Tel. +39 040 944994

Es ist nicht nur ein Fischgeschäft, wo man am Vormittag fangfrischen Fisch kaufen kann, sondern auch ein Stehbuffet mit kleinen Köstlichkeiten. Abends wird es gar zum edlen, kreativen Fischlokal.

Frischer Fisch im Fischerdorf

Bei Deste am Hafen von Villaggio del Pescatore gibt es immer Gustostückerln. Branzino, Orata, Dentice in allen Größen. Vor den Augen der Kunden wird der Fisch entschuppt und ausgenommen. Dazu gibt es Küchentipps zur richtigen Zubereitung.

La Pescheria Deste
Villaggio del Pescatore/
Ribiško Naselje
Tel. +39 040 2088809

Hier arbeiten Fischer zusammen

Gregori ist eine Kooperative von regionalen Fischlieferanten. Hier gibt es frischen und tiefgekühlten Fisch und eine große Auswahl an Meeresfrüchten. Eine Freude für Fischliebhaber.

Pescheria Gregori
Via Passo del Torrione 5
Monfalcone
Tel. +39 0481 798490

Aus heimischen Gewässern

Im „Meeresladen" lagert schon frühmorgens der tägliche Fang, hinter Glas appetitlich auf einer dicken Eisschicht ausgestellt – die Fische kommen aus dem Golf und aus Kroatien bzw. Slowenien.

La Bottega del Mare
Via Combi 22/C
Triest
Tel. + 39 040 305830

Olivenölproduzenten

Olivenöl, nur kalt gepresst

Oleario Parovel
Zona Artigianale
Dolina 546
San Dorligo della
Valle/Dolina
Tel. +39 040 227050
www.parovel.com

Das hochwertige Olivenöl von Parovel im Val Rosandra hat mit der Marke Mackè bereits einen großen Namen unter Feinschmeckern. Das Olivenöl wird aus der autochthonen Belica- und anderen Olivensorten (Lecchino, Pendolino) gewonnen.

Olivenbäume, dem Meer zugewandt

Paolo und Roberto Starec
Bagnoli della Rosandra
375/Bagnol
San Dorligo della Valle/
Dolina
Tel. +39 040 227040
www.starec.it

Die Brüder Starec sind Fanatiker auf der Suche nach der besten Olivenölqualität. Die Perfektionisten verzichten auf Bewässerung und lassen die Oliven nur unter der heißen Sommersonne reifen. Die Flaschen werden nach der Abkühlung vakuumiert.

Olivenbäume gedeihen auch in Aurisina gut.

Hier haben Frauen das Sagen

Adriana Zeriul stammt aus einer alten Bauernfamilie. Sie führt die Tradition auf höchst moderne Weise fort. Das Olivenöl Fior Rosso wird aus der Bianchera-Sorte kalt gepresst und von Genießern wegen des vollen Geschmacks geschätzt.

Azienda Fior Rosso
Adriana Zeriul
Via Prebenico 61
San Dorligo della Valle/
Dolina
Tel. +39 338 9186872

Ein Pionier des flüssigen Goldes

Familie Sancin kultiviert ihre Olivenbäume am Monte d'Oro und presst bevorzugt die Sorten Bianchera und Buga, sie können das raue Klima des Karsts gut wegstecken. Berühmt ist Sancins aromatisches Olivenöl mit Zitronenaroma, aber auch sein Wein.

Vitjan Sancin
San Dorligo della Valle/
Dolina 360
Tel. +39 040 228870
www.sancin.it

Eine Rarität aus Aurisina

Radovics Olivenbäume wachsen in Aurisina, einer dafür eher untypischen Gegend. Da das sattgrüne Öl bei Feinschmeckern äußerst begehrt ist, kann es passieren, dass das Olio extravergine bereits mitten im Jahr ausverkauft ist.

Azienda Agricola Radovic
Aurisina/Nabrežina 138
Tel. +39 040200173

Lebensmittelgeschäfte

Frische Früchtchen in Holzsteigen

Ortucci
Sistiana/
Sesljan Centro 45

Die Obst- und Gemüsekisten mit einer bunt-mediterranen Auswahl vor dem winzigen Geschäft locken schon von Weitem mit erntefrischen Salaten, Pfirsichen aus Fiumicello, Zitronen aus Sizilien und rotwangigen Äpfeln aus Südtirol.

Frische Früchte und Gemüse bei Ortucci.

Feines aus dem Karst

Antica Bottega del Gusto
Via delle Torri 1
Triest
Tel. +39 040 631820

Gut sortiertes Geschäft mit allen Feinheiten, die Italien zu bieten hat. Vor allem Produkte aus dem Karst kann man hier gut einkaufen. Beispielsweise wunderbare Schinken, roh und gekocht, Karstkäse und ausgesuchte Öle.

2500 Weinetiketten im Sortiment

In den zwei Weinhandlungen, die aus dem Jahr 1777 datieren, kann man aus einem schier unendlichen Weinsortiment wählen. Ein lohnender Rundgang durch sämtliche Weingebiete Italiens und der ganzen Weinwelt.

Enoteca Bischoff
Via Cesare Battisti 14
und Via Giuseppe
Mazzini 21
Triest
Tel. +39 040 631422

Milchparadies in Monfalcone

Latterie Carsiche
Via Duca d'Aosta
Monfalcone
Tel. +39 0481 91105
www.lattecarso.it

Ein verführerisches Reich für Fans von Milchprodukten: Verschiedene Milchsorten, Hart-, Weich- und Schimmelkäse, Mascarpone, Ricotta, Mozzarella, Joghurt, Butter etc. Aber auch Salami, Würste und Schinken bieten die hilfsbereiten Verkäuferinnen an.

Wurst aus Italien, Käse aus aller Welt

Bei Elena Debiasi gibt es abgesehen von einer Riesenauswahl an Salamiarten und anderen Wurstspezialitäten so ziemlich alle Käsesorten Italiens und Frankreichs, außerdem eingelegtes Gemüse, Oliven und Schokoladespezialitäten.

La Salumeria di Debiasi
Via Cesare Beccaria 13
Triest
Tel. +39 040 361470

Lebensmittelproduzenten

Käse aus der eigenen Grotte

Azienda Agricola Zidarich
Prepotto/Prapot 10
Tel. +39 040 201178

Die 170 Kühe werden mit biologischem Futter versorgt. Das Besondere an Zidarichs Käse: Frischkäse wird in wilden Fenchelblüten und Karstkräutern gewälzt und der Hartkäse Jamar reift bis zu vier Monate in der 70 Meter tiefen Grotte im Karst.

Die Damen im Hause Zidarich packen fleißig an.

Lachse aus dem zerklüfteten Tal

Edi Zobec
Bagnoli della Rosandra/
Boljunec 244
Tel. +39 040 8325063
e.zobe@libero.it

Edi Zobec züchtet in der hauseigenen Quelle neben Forellen und Saiblingen auch „echte" Lachse aus Schottland. Wenn sie zwei Kilogramm auf die Waage bringen, werden sie schonend geräuchert. In der Lachs-Osmiza kann man die Köstlichkeiten verkosten.

Biologische Milch für den Latteria

Aus der Milch der 30 biologisch gefütterten Kühe erzeugt Lenard Vidali Ricotta, Mozzarella und Stracchino, die samt und sonders auf der Zunge zergehen. Liebhabern fester Käse empfiehlt sich der reife Latteria.

Azienda Agricola Vidali
Basovizza/Bazovica 308
Tel. +39 040 226713

Honig und Ambrosia

Agricoltori Settimi & Ziani
Trebiciano/Trebče 237
Tel. +39 040 827510

Fausto Settimi hat sich die Kunst der Bienenzucht selbst aus Büchern angeeignet. Das Ergebnis ist ein sensationeller Honig, der schon zahlreiche Auszeichnungen eingeheimst hat.

Beinschinken, die Triestiner Spezialität

Wer Lust auf gekochten Beinschinken hat, der noch von Hand gesäbelt wird, sollte bei einem Masè-Geschäft in Triest vorbeischauen. Hier kann man ihn auch gleich verkosten. Im Rosandra-Tal werden die Lebensmittel erzeugt.

Salumi Masè
Via Jozip Ressel 2
San Dorligo della Valle/
Dolina
Tel. +39 040 814994
www.cottomase.com

Weinproduzenten

Weinkult mit Kultur

Azienda Agricola Edi Kante
Prepotto/Prapot 1 A
Tel. +39 040 200255
www.kante.it

Edi Kante ist der Pionier des Qualitätsweinbaus und verantwortlich für den Bekanntheitsgrad dieser Region. Auf 11 Hektar produziert er Vitovska, Malvasia und Terran. Sein Weinkeller ist ein Meisterwerk und führt drei Stockwerke hinunter ins Karstgestein.

Qualität statt Quantität

Boris und Sandi Škerk
Prepotto/Prapot 20
Tel. +39 040 200156
www.skerk.com

Vater und Sohn bearbeiten die Weingärten unter schwierigsten Bedingungen, wenn sie rund 7 Tonnen Trauben pro Hektar ernten. Der Keller wurde, wie nahezu alle in der Gegend, tief ins Gestein gehauen. Dort herrscht eine Temperatur von idealen 13 Grad.

Ein Keller wie ein Museum

Benjamin Zidarich
Prepotto/Prapot 23
Tel. +39 040 201223
www.zidarich.it

Moderne trifft hier Tradition, denn den Weinbaubetrieb gibt es seit Mitte des 19. Jahrhunderts. Seine rund 20 000 Flaschen, die Zidarich jährlich abfüllt, erzielen bereits Höchstpreise. Sehenswert ist der Weinkeller.

Weißweine, dicht wie Rotweine

Die beiden Brüder krempelten nach einer önologischen Ausbildung den elterlichen Betrieb um und ersetzten alte Rebstöcke durch neue Vitovska-Reben. Die Cuvées aus Vitovska-Trauben von verschiedenen Böden haben Kultstatus und sind bis zu 12 Jahre lagerfähig.

Paolo und Valter Vodopivec
Colludrozza 4/
Koludrovica
Sgonico/Zgonic
Tel. +39 040 229181

Auch Weiße im Barrique

Vater und Sohn Čotar sind Verfechter von hoher Qualität. Ein Kilo Trauben pro Rebstock haben sie sich erlaubt. Der Großteil der Weine reift im großen Holz- (z. B. Terran), die Weißweine wie Chardonnay oder Malvasia bekommen ihren Körper im Barriquefass.

Branko und Vasja Čotar
Gorjansko 18
Komen/Slowenien
Tel. +386 5 7668228

Karstweine reifen in Holzfässern.

Autochthone Rebsorten

Der strohgelbe Vitovska

Die Vitovska-Traube ist eng mit dem Karst verbunden, weil sie resistent gegen die Bora und die sommerliche Trockenheit ist. Aus ihr wird ein leichter strohgelber Wein mit einem Alkoholgehalt bis zu 12,5 Prozent gekeltert.

Die mineralische Erde lässt Reben gut gedeihen.

Der mediterrane Malvasia

Die Malvasia-Traube ist eigentlich griechischen Ursprungs, wird aber seit Jahrhunderten im Karst angebaut. Der Wein hat eine strohgelbe bis grünlich schimmernde Farbe und einen aromatischen Geruch nach reifen Früchten.

Der vergessene Glera

Angeblich wurde die Glera-Traube um 1860 aus dem Karstdorf Prosecco ins heutige Prosecco-Gebiet rund um Valdobbiadene exportiert, was die dortigen Winzer allerdings so nicht bestätigen. Mittlerweile macht man sortenreine Weine aus der Glera.

Der blutrote Terran

Die Terran-Rebe, die zur Familie des Refosco gehört, wird nur im Karst angebaut, wo die rote, eisenhältige Erde dem Wein einen besonderen Charakter verleiht. Der Terran hat wenig Alkohol und eine intensiv rubinrote Farbe und schmeckt intensiv nach reifen Kirschen.

Der rotstielige Refosco

Die Traube „Refosco dal peduncolo rosso" hat rot gefärbte Stiele. Sie stammt ursprünglich aus dem Karst und wird dort heute ebenso angebaut wie im übrigen Friaul. Die eisenhältige Erde im Weinbaugebiet Carso verleiht dem Wein einen mineralischen Geschmack.

Typische Speisen

Sardoni in savor

Ein typisches, omnipräsentes Triestiner Gericht. Die Sardinen werden zuerst in Mehl gewälzt, dann ausgebacken und schließlich mit Weinessig, viel Zwiebel, Olivenöl und Gewürzen mariniert.

Presnitz

Das üppige Gebäck rührt an der österreichisch-ungarischen Vergangenheit. In den Teig werden Nüsse, Mandeln, Pinienkerne, Feigen, Marillen, Zwetschken, Schokolade, Zucker, Zimt, Nelken und Rum eingearbeitet.

Den Presnitz gibt es überall zu kaufen.

Gnocchi di susine

In Wien würde man Zwetschkenknödel dazu sagen. Im Karst und in Triest gnocchi di susine. Es gibt aber auch mit anderen Obstsorten gefüllte Knödel, sie werden mit Bröseln und Zucker bestreut und mit viel geschmolzener Butter übergossen.

Fave dei morti

Von September bis zum Fasching sieht man die „Totenbohnen" in jeder Pasticceria in den Farben weiß, rosa und braun (als Symbol für Geburt, Leben und Tod). Ein weiches Mandelgebäck, das mit Maraschino, Rosenwasser oder Kakao parfümiert ist.

Jota

Einst war es ein Armeleuteessen aus Bohnen, Kartoffeln, Rollgerste, Rüben, Kraut oder Sauerkraut, selten Fleisch. Vor allem im Winter lebten die Karstbewohner davon. Heute wird die Jota als regionale Spezialität angeboten – und auch gerne als solche verspeist.

Feste und Veranstaltungen

Das Fest der weißen Segel

Barcolana
www.barcolana.it

Die internationale Segelregatta findet am zweiten Wochenende im Oktober statt. Die Regatta, die für alle Segelfreunde offen ist, hat sich zu einem speziellen Event für die Bevölkerung entwickelt. Eine Woche lang verwandeln sich die Piazza Unità und der Molo Audace zum Festgelände. Die Besucher kommen von weither, um das Spektakel der weißen Segel im Golf zu sehen.

„Fest der weißen Segel" wird die Barcolana genannt.

Flüssiges Gold aus Europa

Olio Capitale
www.oliocapitale.it

Es ist die bedeutendste Olivenölmesse Italiens, die jedes Jahr im März in der Stazione Marittima stattfindet. Olivenölproduzenten aus ganz Italien, aber auch darüber hinaus, lassen dort ihre Produkte verkosten und bieten sie gleichzeitig zum Kauf an.

Die wichtigste Kaffeemesse

Trieste Espresso
www.triestespresso.it

In „geraden" Jahren findet in der Stadt eine beachtenswerte Kaffeemesse, die „Trieste Espresso", als B2B-Event statt. In unregelmäßigen Abständen veranstaltet der Trieste Coffee Cluster das „Trieste Coffee Festival".

Eine Fundgrube für Sammler

Antiquitätenmarkt

Auf den Plätzen des Jüdischen Viertels hinter der Piazza Unità findet an jedem dritten Sonntag ein Antiquitätenmarkt statt. Die „Trieste Antiqua" wird Ende Oktober/Anfang November in der ehemaligen Fischhalle, dem Salone degli Incanti an der Riva Nazario Sauro, abgehalten.

Ganz Triest läuft

Bavisela
www.bavisela.it

Am ersten Sonntag im Mai ist ganz Triest auf den Beinen. Die Bavisela, der Triest-Marathon, führt die Costiera entlang und ist bei den sportlichen Einheimischen sehr beliebt. Mittlerweile ist der Andrang auch aus den Nachbarländern groß.

Kulinarische Feste und Märkte

Wochenmarkt in Triest

Egal ob Lebensmittel, Kleidung oder Strandutensilien – hier findet man „alles". Üblicherweise wird der Markt auf der Piazza Ponterosso zwischen Dienstag und Samstag vormittags abgehalten.

Vele bianche, pesci azzurri (Fischfest)

Am zweiten Wochenende im September wird in Villaggio del Pescatore das Fest der „weißen Segel und blauen Fische" veranstaltet. Die Piazza wird zum heiteren Festgelände mit Musik und Kulinarik.

Das Fischfest in Villaggio del Pescatore ist ein Spektakel.

Festa dei Cavalli (Pferdefest)

Eigentlich ist das Fest in Medeazza Anfang Oktober den Pferden gewidmet, doch im Mittelpunkt steht meist die Kulinarik. Überall gibt es Karstspezialitäten und Wein zu verkosten.

Festa delle Patate (Kartoffelfest)

In den Karstorten Prepotto, San Pelagio, Duino-Aurisina feiert man Ende August vier Tage lang die Kartoffeln. Die autochthonen Sorten sind tatsächlich eine Delikatesse.

Sapori del Carso (Karstgenüsse)

Alljährlich von Mitte Oktober bis Mitte November organisiert die Slowenische Regionale Wirtschaftsunion die „Karstgenüsse". Bis zu 20 ausgewählte Restaurants bieten Karstmenüs zu fairen Preisen an. www.okusikrasa.net

Krimis

Die Toten vom Karst

Veit Heinichen

Die Fälle, in denen der etwas chaotische Commissario Proteo Laurenti ermittelt, sind zahlreich. Der deutsche, in Triest lebende Bestsellerautor Veit Heinichen versteht es, Licht- und Schattenseiten der Stadt in seine Krimis zu verweben.

Das Apfelhaus

Christoph Wagner

Mario Carozzi ist der schrullige Held der Krimis vom schon verstorbenen Christoph Wagner – der vor allem als genialer Kulinarikautor bekannt geworden war. „Das Apfelhaus" umfasst Kurzgeschichten voller Mystik zu Triest und zum Karst.

Die trüben Wasser von Triest

Roberta de Falco

Es ist der Debütroman der Drehbuchautorin Roberta Mazzoni, die in Triest, Rom und Orvieto lebt und unter dem Pseudonym Roberta de Falco schreibt. Der grantige wie sympathische Commissario heißt Benussi.

Ein spannender Krimi von Peter Kimeswenger

Wem die Glocke schlägt

Peter Kimeswenger

Der erste Krimi des „Kleine Zeitung"-Journalisten zeugt von viel Detailwissen und Witz und spielt sich in seiner Zweitheimat Istrien ab. Die Ermittlungen von Kommissar Heber reichen aber bis in den Karst und nach Villaggio del Pescatore.

Mordfall W.

Joachim Lindner

In diesem historischen Krimi geht es um die Ermittlungen rund um die Ermordung von Johann Joachim Winckelmann, dem Präfekten der Altertümer Roms, im Jahr 1768 in Triest. Der Täter ist zwar rasch gefasst, doch Kriminalrichter Sacchi will den Fall restlos klären.

Dichter und Schriftsteller

Rainer Maria Rilke

(1875–1926)

„Hier in diesem ans Meer hingetürmten Schloss" Duino verfasste Rainer Maria Rilke im Winter 1912 Teile seiner Duineser Elegien. Er war Gast von Marie von Thurn und Taxis Hohenlohe, einer leidenschaftlich gebildeten Adeligen.

Umberto Saba

(1883–1957)

Geboren als Umberto Poli, schlüpfte er in das Pseudonym „Saba", das hebräische Wort für Brot. Er verbrachte seine Tage nicht in den Cafés wie seine Dichterkollegen, sondern widmete sich dem Schreiben im Hinterzimmer seiner Buchhandlung.

Umberto Saba in Bronze gegossen.

Italo Svevo

(1861–1928)

Er hieß mit richtigem Namen Ettore Schmitz und ist einer der führenden Schriftsteller des 20. Jahrhunderts. Mit Joyce verband ihn eine tiefe Freundschaft. Bekannt wurde er mit seinem Roman „Zenos Bewusstsein".

Scipio Slataper

(1888–1915)

Mit nur 27 Jahren fiel er in der vierten Isonzoschlacht bei Görz. Slataper – Sohn einer italienischen Mutter und eines slowenischen Vaters – war Irredentist (Mitglied der Bewegung gegen die Habsburger) und meldete sich 1915 freiwillig zum Wehrdienst für Italien. 1912 veröffentlichte er sein bedeutendstes Werk „Il mio Carso" (Mein Karst), eine lyrische Autobiografie.

Fulvio Tomizza

(1935–1999)

In Istrien geboren, übersiedelte er nach Triest, wo er seinen Roman „Matrada" veröffentlichte, der ihm zum literarischen Durchbruch verhalf. Neben den Werken „La Ragazza" und „Trilogia Istriana" veröffentlichte er 1977 seinen größten Erfolg „La Miglior Vita".

Antiquariate

Historische Landkarten

Androna degli Orti
Via Diaz 3/a
Triest
Tel. +39 040 365579

Ein Muss-Besuch für Freunde alter Lithografien, Landkarten, Bücher und alter Ansichten. Hier findet man präzise Darstellungen längst vergangener Zeiten.

Auf Schritt und Tritt
Antiquariate in Triest

Der Duft alter Bücher

Libreria Achille
Piazza Vecchia 4
Triest
Tel. +39 040 638525

Bis unter die Decke sind die Bücher bei Herrn Misan gestapelt. Eine wunderbare Buchhandlung, in der man nicht nur nach Büchern, sondern auch nach Kunstdrucken stöbern kann.

Alles aus zweiter Hand

Das Geschäft von Marco Puntin ist ein schräges Sammelsurium ausgefallener alter und neuer Dinge. An der Decke hängt ein Stuhl, an der Wand ein Andy-Warhol-Druck, in der Ecke liegt eine Louis-Vuitton-Tasche. Herrlich zum Wühlen.

Katastrofa
Via Diaz 4
Triest
Tel. +39 338 2272351,
335 8298432

Ein Paradies für Sammler

Das Geschäft ist spezialisiert auf Sammelgegenstände, Bilder und Schmuck der Wiener Secession. Wer diese Epoche liebt, ist hier goldrichtig.

Eurekart
Via del Coroneo 9
Triest
Tel. +39 040 634983

Hier gehen die Uhren anders

Das Geschäft in der Straße, in der sich zahlreiche Antiquitätenläden befinden, verkauft vor allem antiken Schmuck, Gold- und Silberarbeiten sowie alte Uhren. Alles ist etwas verstaubt, aber mit Glück findet man ausgefallene Besonderheiten.

Bernardi & Borghesi
Via San Nicolò 2
Triest
Tel. +39 040 639006

Außergewöhnliche Geschäfte

Ausstechformen für alle Gelegenheiten

Cesca Casalinghi
Via Roma 10
Triest
Tel. +39 040 368628

Cesca ist ein Ramschladen im besten Sinne, denn hier bekommt man alles und in guter Qualität, was man im Haushalt braucht. Dazu eine Hundertschaft an Keks-Ausstechformen, vom Weihnachtsstern bis zum Bierkrügerl.

Cesca, ein sehenswertes Geschäft mit viel Krimskrams.

Dekoration aus Murano-Glas

Murano-Inn
Portopiccolo
Sistiana/Sesljan
Tel. +39 040 9976628

In Zusammenarbeit mit Signoretto Lampadari und Schiavon Art Team wurde das schöne Geschäft in Portopiccolo eröffnet. Wunderschöne Lampen, exklusive Vasen und Skulpturen aus Murano-Glas kann man hier kaufen.

Drogerie aus der Jahrhundertwende

Ein Besuch in dieser Drogheria ist gleichzeitig eine Zeitreise ins Triest der Jahrhundertwende. Auf antiken Holzregalen und in Vitrinen findet man ausgefallene Drogeriewaren, zum Beispiel schönes Rasierzeug, Cremen, Salben und Duftessenzen.

Drogheria Toso
Piazza San Giovanni 6
Triest
Tel. +39 040 636288

Alles für lange und kurze Bärte

Neben wohlriechenden Seifen, Essenzen, Cremen, Düften, Toilette-artikeln gibt es feinstes Zubehör für Rasur und Bartpflege. Bis oben hin vollgestopft ist die „Parfumhöhle".

L'Antro del Profumo
Via Mazzini 36
Triest
Tel. +39 040 631190

Hier steht die Zeit still

Dobner lässt die Herzen von Uhrenfans höher schlagen. Das Geschäft bietet ein reichhaltiges Sortiment an wertvollen und teuren Uhren angesehener Marken sowie exklusiven Schmuck.

Dobner
Portopiccolo
Sistiana/Sesljan
Tel. +39 040 9976632
www.dobner.it

Modeboutiquen

Exklusive Designermarken

Re Artù
Via San Spiridione 3
Triest
Tel. +39 040 362887

Bei Re Artù sollte man Anfang August oder Ende Jänner zugreifen, dann sind die exklusiven Designerstücke von Prada über Gucci, Pucci und Loro Piana um bis zu 50 Prozent reduziert.

Sehr italienisch und ausgefallen

Rosiserli
Corsa Italia 10
Triest
Tel. +39 040 3480632
www.rosiserli.com

Bunt und crazy sind die Designerstücke in dem Laden auf der Hauptstraße. Hier sprüht es nur so von Italianità. Auch nicht gerade preisgünstig, aber hier bekommt man die begehrten Valentino-„Rockstuds" und Balenciaga-Taschen.

Freundliche Bedienung in der Boutique Sartori

Für den Durchblick

Am Ende von Sistiana Richtung Triest tut sich ein Riesenreich an preisgünstigen Brillen auf. Die Herausforderung: Unter der großen Auswahl die richtige zu finden. Kennt man seine Dioptrien-Werte, kann man die Gläser gleich anfertigen lassen.

Spaccio Occhiali
Sistiana/Sesljan 27
Tel. +39 040 299516

Alles für die Segelpartie

Wer in See sticht oder auf Wanderschaft geht und top gestylt sein will, sollte bei Sail Sistiana vorbeischauen: Shorts, Bermudas, Polos, Stoffschuhe fürs Segelboot, Wander- und Sportschuhe.

Sail Sistiana
Sistiana/Sesljan 59
Tel. +39 040 291074

Geschäft mit nobler Markenware

Distinguiert wie die Ausstattung sind auch die Angestellten, die Beratung und das Service sind top. Für Herren hat man feine Hemden aus Leinen, Hosen aus „Pura lana" und Pullover aus Kaschmir auf Lager, für Damen zeitlose Markenware aus Italien und England.

Boutique Sartori
Via Duca d'Aosta 79
Monfalcone
Tel. +39 0446 920316
boutiquesartori@yahoo.it

Einkaufszentren

Interessanter Markenmix

Palmanova Outlet Village
Strada Provinciale 2
Aiello del Friuli
Tel. +39 0432 837810
www.palmanovaoutlet.it

Für Urlauber an der Adria ist das Outlet mit einer Hundertschaft an Geschäften ein Muss. Vor allem im Sale gibt es erstaunlich günstige Angebote. Ein interessanter Markenmix, auch Brands wie Pollini, Cavalli, Furla, Conte of Florence und viele mehr. Sonntags geöffnet.

Viele Italiener und ein Schwede

Tiare
Località Maranuz
Villesse
Tel. +39 0481 099480
www.tiareshopping.com

Neben Ikea findet man zahlreiche internationale und italienische Marken. Von den Badeorten Grado, Lignano, Bibione und auch von Triest führt ein Shuttle-Bus in dieses Shoppingparadies.

Direkt an der Autobahnabfahrt Villesse sieht man das Tiare.

Schwestern bieten hochwertige Mode

In dem Einkaufszentrum gleich neben der Autobahnauffahrt Ronchi dei Legionari sind nur die Sorelle Ramonda übrig geblieben, alle anderen Geschäfte haben geschlossen. Aber bei den Schwestern Ramonda ist man gut bedient. Schöne, hochwertige italienische Schuhe, Taschen und Markenkleidung.

Sorelle Ramonda
Via Pietro Micca
Ronchi dei Legionari
Tel. +39 0481 776599
www.sorelleramonda.com

Tor zu europäischer Mode

Hier findet man alles, was das Konsumentenherz begehrt. Von Elektronik über Schuhe, Bekleidung bis hin zu Spielsalons, Fast-Food-Läden, Handy-Shops, einen Friseur und vieles mehr.

Le Torri d'Europa
Via Bartolomeo d'Alviano 23
Triest
Tel. +39 040 637448
www.torrideuropa.com

Sonntags immer geöffnet

In dem Centro Commerciale bei Monfalcone ist ein riesiger Lebensmittelsupermarkt untergebracht. Hier findet man auch den Schuhmarkt Scarpe&Scarpe, einen OVS (Mode) und einen KIKO (Kosmetik) mit ihren günstigen Preisen.

Centro Commerciale Emisfero
Via F. Pocar
Monfalcone
Tel. +39 0481 410100
www.emisfero.eu

Theater

Viel Verdi im Teatro Verdi in Triest

Die große Show

Das Theater ist ganz nach dem Geschmack der Triestiner. Von Oktober bis Juni stehen bis zu 60 Shows auf dem Programm. Es reicht von Musicals, Ballett, Tanz bis zu Rockkonzerten.

Politeama Rosetti
Viale XX Settembre 45
Triest
Tel. +39 040 3593511
www.ilrosetti.it

Nicht nur Verdi

Teatro Giuseppe Verdi
Riva III Novembre 1
Triest
Tel. +39 040 9869883
oder 800090373
www.teatroverdi-trieste.com

Anspruchsvolles Opern- und Konzertprogramme das ganze Jahr über. In dem charmanten kleinen Theater mit großer Akustik wird so mancher Ohrenschmaus geboten.

Von Opern bis Musicals

Große Opern wie die „Hochzeit des Figaro", Musicals wie „Les Miserables" oder moderne Sprechstücke präsentiert das Theaters Monfalcone, das überraschend gute Qualität liefert.

Teatro Comunale di Monfalcone
Corso del Popolo 20
Monfalcone
Tel. +39 0481 790470
www.teatromonfalcone.it

Kinder brachten den Erfolg

La Contrada
Via del Ghirlandaio 12
Triest
Tel. +39 040 948471
www.contrada.it

Das Ensemble wagte ein Theater für Kinder und landete damit einen großen Erfolg. Der Spielplan ist vielfältig und reicht von Stücken im Triestiner Dialekt bis hin zum Kinderprogramm.

Theater nicht nur für Slowenen

Anspruchsvolles Theaterprogramm mit Opern, Komödien und mitunter Gastspielen des Laibacher Stadttheaters. Die Stücke werden in italienischer und slowenischer Sprache aufgeführt.

Teatro Stabile Sloveno (Slovensko stalno gledališče)
Via Petronio 4
Triest
Tel. +39 040 632665
www.teaterssg.it

Schlösser

Hier schrieb Rilke seine Elegien

Schloss Duino
Duino Aurisina/Devin
Nabrežina
Tel. +39 040 208120
www.castellodiduino.it

Imposantes Refugium der Torre e Tasso (italienischer Zweig der Thurn und Taxis). Das Schloss mit wechselnden Sonderausstellungen im Turm, der Garten und auch der Kriegsbunker sind ein Erlebnis. Der österreichische Dichter Rainer Maria Rilke war hier zu Gast.

Das Schloss Duino
hoch über dem Meer.

Das Schloss der Unglücklichen

Schloss Miramare
Viale Miramare
Triest
Tel. +39 040 224143
www.castellomiramare.it

Das romantisch gelegene Schloss von Kaiser Maximilian und seiner Frau Charlotte ist vor allem wegen seiner österreichischen Geschichte interessant. Auch Kaiserin Sisi urlaubte hier. Regelmäßige Führungen durch die Prunkräume.

In Stein wohnen wie damals

**Casa Carsica
(Kraška Hiša)**
Rupingrande 31/Repen
Tel. +39 040 327240
www.kraskahisa.com

Das Karsthaus, ganz aus Stein erbaut, ist ein gut erhaltenes Beispiel der typischen Karstarchitektur und stammt wahrscheinlich aus den letzten beiden Jahrzehnten des 18. Jahrhunderts.

Das weithin sichtbare Schloss

Das Schloss San Giusto ist eine mittelalterliche Burg und neben der Kathedrale eines der Wahrzeichen Triests (Bauzeit 1471–1630). Bereits um 2000 vor Christus soll sich hier ein vorgeschichtliches Castelliere befunden haben.

Castello di San Giusto
Piazza della Cattedrale 3
Triest
Tel. +39 040 309362
www.castellodi
sangiustotrieste.it

Castello in Privatbesitz

Der Patriarch von Aquileia ließ die Festung 1374 zur Verteidigung der Stadt Muggia errichten. Das beherrschende Bauwerk mit seinen zinnenbestückten Mauern thront über dem mittelalterlichen Hafenstädchen und ist nicht ständig zu besichtigen, weil es sich in Privatbesitz des Bildhauers Villi Bossi befindet.

Castello di Muggia
Calle dei Lauri 7
Muggia
Tel. +39 040 272772
www.discover-trieste.it

Museen

Für Strehler-Fans

Das Museum, in dem der Kunstsammler und Verleger Carlo Schmidl das Theaterleben Triest vom 18. Jahrhundert bis zum heutigen Tag dokumentiert, zeigt auch interessante Werke des italienischen Theaterregisseurs Giorgio Strehler.

**Theatermuseum
Carlo Schmidl**
Via Rossini 4 (1.–2. Stock)
Triest
Tel. +39 040 6754072
www.museoschmidl.it

Das erste Funkschiff

**Civico Museo del Mare
(Marinemuseum)**
Via di Campo Marzio 5
Triest
Tel. +39 040 304885
www.retecivica.trieste.it/
triestecultura/musei

Es bietet eine Zusammenschau der Triestiner Marine, antiker Schiffsmodelle, nautischer Geräte, funktionstüchtiger Dampfmaschinen und kostbarer Segelschiffmodelle.

Historie und Prähistorie

Museumsdirektor Claudio führt mit Begeisterung durch die wenigen Räume mit den leicht verstaubten Kriegsutensilien. Eine Abbildung von Antonio, dem Dinosaurer, gibt es auch.

Minimuseum
Villaggio del Pescatore/
Ribiško Našelje
Tel. +39 339 6908950

Für Literaturverehrer

James-Joyce-Museum
Via Madonna del Mare 13
Triest
Tel. +39 040 3593601
www.museojoyce
trieste.it

Das Museum zeigt bedeutende Dokumente aus der Zeit, die der irische Dichter James Joyce in Triest verbracht hat.
Für Joyce-Verehrer ist der Besuch ein Muss.

Für Eisenbahnfans

Das liebevoll gestaltete Museum ist ein Augenschmaus für Liebhaber nostalgischer Eisenbahnen und im ehemaligen Staatsbahnhof Triest untergebracht.

**Museo Ferroviario di
Trieste Campo Marzio**
Via Giulio Cesare 1
Triest
Tel. +39 040 3794185

Karststraßen

Terran-Weinstraße

Die Straße führt von Visogliano nach Opicina durch wunderschöne Landschaft und vorbei an zahlreichen Trattorien und Osmize.

Strada Costiera

Eine der schönsten Küstenstraßen Europas mit zahlreichen Aussichtspunkten führt von Sistiana nach Triest – immer am Meer entlang. Erbaut wurde sie weiland von Kaiser Franz Joseph.

Strada Carsiana

Man verlässt Autobahn und Costiera und nimmt die gewundene Straße durch die Karstdörfer. Von Slivia nach San Pelagio, Prepotto, Samatorza, Sales, Sgonico, Rupinpiccolo, Rupingrande.

Slowenische Karststraße

Von Opicina führt eine gut ausgebaute Straße nach Dutovlje, weiter nach Kobjeglava und Komen. Bei Gorjansko fährt man wieder nach Italien. Der nächste Ort ist San Pelagio.

Strada del Friuli

Die einzigartige Aussichtsstraße führt von Contovello nach Triest. Es geht vorbei am Siegesleuchtturm (Faro della vittoria) und an mehreren Trattorien. Ständig hat man das Meer vor Augen.

Die Strada Carsiana führt durch Karstdörfer wie Prepotto.

Wege zum Meer

Der Karst bietet sensationelle Ausblicke.

Zum Thunfischfang

Die Fischer aus dem Karst nahmen einst den Weg zur Küste, um auf Thunfischfang zu gehen. Canovella de' Zoppoli heißt der Strand, den man am Ende von mehr als hundert Stufen erreicht. Der Weg ist kurz, aber anstrengend. Einstieg ist beim Sportzentrum Aurisina.

Sentiero dei Pescatori (Fischerweg)
Aurisina/Nabrežina
Tel. +39 040 2017111
www.comune.duino-aurisina.ts.it

Romantische Ausblicke

Sentiero Rilke (Rilkeweg)
Duino/Devin
Tel. +39 040 2017111
www.triesteturism.altervista.org

Er gehört zu den Wanderwegen mit der schönsten Aussicht überhaupt. Man wandert rund 2 Kilometer die Klippen entlang, immer mit Blick aufs blaue Meer. Der markierte Einstieg ist hinter dem Schloss Duino oder beim Info-Center vor Sistiana.

Mit Wohlgerüchen

Schöner Panoramaweg die Küste entlang zwischen Aurisina und Santa Croce. Der Weg wird von Salbei und Bohnenkraut gesäumt, die Wanderung dauert hin und zurück rund drei Stunden. Einstieg ist beim Sportzentrum Aurisina.

Sentiero delle Salvie (Salbeiweg)
Aurisina/Nabrežina
Tel. +39 040299166

Nicht nur für Jogger

Via Vicentiana oder Strada Napoleonica
www.marecarso.it

Die einfache Wanderung beginnt beim Obelisken von Opicina und führt bis in die Karstortschaft Prosecco. Auf der Strecke herrscht Fahrverbot, man trifft auf Massen von Joggern. Der Weg ist eben und gut für einen rund zweistündigen Spaziergang (hin und retour).

Vorbei an Schützengräben

Das Gebiet um den Monte Hermada war im Ersten Weltkrieg Schauplatz erbitterter Kämpfe. Der Weg führt an Überresten von Grotten, Schützengräben und Kavernen vorbei. Von Medazza geht es auf markierten Wegen auf den Monte Hermada. Gehzeit gesamt rund drei Stunden, je nach Routenwahl.

Sentiero di Monte Hermada (Schützengrabenweg)
Medeazza/Medjevas
Tel.+39 040 2017111
www.turismofvg.it

Etappen des Alpe-Adria-Trails

Etappe 33

Gradisca d'Isonzo bis Duino/Devin
Von Gradisca geht es Richtung Adria. Länge: 27,9 Kilometer, Dauer: 7,5 Stunden, Schwierigkeit: mittel.

Etappe 34

Duino bis Prosecco/Prošek
Start ist am Rilkeweg neben dem Schloss Duino. Es geht in den Triestiner Karst, immer mit Blick auf den Golf von Triest. Länge: 23 Kilometer, Dauer 6,5 Stunden. Schwierigkeit: mittel.

Etappe 35

Prosecco/Prošek bis Lipica
Start ist Prosecco, von dort geht es durch den Karst nach Gropada und Slowenien bis Lipica, das durch die Lipizzaner-Zucht überregionale Bedeutung erlangte. Länge: 20,5 Kilometer, Dauer: 5,5 Stunden, Schwierigkeit: mittel.

Quelle: www.alpe-adria-trail.com

Etappe 36

Lipica bis San Dorligo della Valle/ Dolina
Am Rande des Karstplateaus geht es über den Berg Kokoš/Monte Cocusso nach San Dorligo della Valle am Stadtrand von Triest. Länge: 19,4 Kilometer, Dauer: 6,5 Stunden, Schwierigkeit: schwer.

Etappe 37

San Dorligo della Valle/Dolina bis Muggia
Muggia ist das ersehnte Ziel des Alpe-Adria-Trails. Muggia belohnt die Mühen mit zahlreichen Lokalen und feiner Fischküche. Länge: 13,4 Kilometer, Dauer: 4,5 Stunden, Schwierigkeit: leicht.

In Muggia ist der Alpe-Adria-Trail zu Ende.

Sehenswürdigkeiten

Jüdisches Viertel

Das Ghetto von Triest ist heute ein hippes Viertel mit unzähligen Antiquitätengeschäften, Kneipen und kleinen Läden. Um 1900 wuchs die jüdische Gemeinde auf 5000 Mitglieder an. 1938 fand die Toleranz ein jähes Ende. Ausgerechnet in Triest verkündete Mussolini die Rassengesetze .

Molo Audace

Die 246 Meter lange Mole praktisch mitten im Stadtzentrum ist eine beliebte Flaniermeile für Triestiner und Touristen. Sie ist benannt nach dem Zerstörerschiff Audace, das am 3. November 1918 im Hafen von Triest einfuhr.

Ex-Pescheria Salone degli incanti

Einst war in dem eindrucksvollen Jugendstilgebäude an der Riva Nazario Sauro 1 die Triestiner Fischhalle untergebracht. Heute ist es ein Museum, wo regelmäßig interessante Ausstellungen und Messen stattfinden.

Piazza dell'Unità d'Italia

Der „schönste Platz der Welt", wie ihn viele bezeichnen, ist nicht nur imposant dem Meer zugewandt, er ist auch gerahmt von architektonisch und historisch wichtigen Gebäuden. Zum Beispiel das Rathaus, die Casa Stratti mit dem Caffè degli Specchi, die Palazzi Pitteri, Lloyd Triestino und Governo sowie das Grand Hotel Duca d'Aosta.

Der Alte Hafen von Triest ist seit Kurzem zugänglich.

Alter Hafen – Porto Vecchio

Der alte k. u. k. Hafen von Triest ist ein gigantisches Industriemuseum. Zahlreiche Projekte zur Revitalisierung hat es bereits gegeben, doch bisher fehlten Geld und politischer Wille. Früher brauchte man eine Genehmigung für die Besichtigung, heute ist das Gelände mit der imposanten Hafenarchitektur frei zugänglich.

Kinderattraktionen

Abenteuer in der Natur

Adventure Park
Fazione Ceroglie 1
Duino Aurisina/Devin
Nabrežina
Tel. +39 346 6326133

Der Abenteuerpark lässt Kinderherzen höher schlagen. Hier können sie nach Herzenslust klettern, turnen und die Natur mit allen Sinnen erleben.

Spannende Spielwiese

Hier können sich Kinder in freier Natur austoben. Antonič organisiert Trekkingrouten durch den Karst mit Grottenbesichtigungen. Die Kleinen können auf Eseln und Ponys reiten.

Azienda Agricola Antonič
Ceroglie/Cerovlje 44
Tel. +39 040 299798

Das Meer erforschen

Riserva naturale marina di Miramare
Viale Miramare
Grignano
Tel. +39 040 224147

Äußerst lehrreich für Kinder und Erwachsene. Spielerisch kann man die Meerestiefen erforschen und erfährt so viel etwa über die bedrohten Gewässer.

Eine bunte Kinderwelt

Spielzeugpalast mit grandiosem Angebot von Spielzeug, Spielen, Bastelwaren und Modellbauten. Doch Achtung, Kinder sind nur schwer aus diesem Geschäft loszueisen.

Lupus in Fabula
Via Santa Caterina 8
Triest
Tel. +39 040 368018

Hai zu besichtigen

Aquarium
Molo Peschiera 2
Riva Nazario Sauro 1
Triest
Tel. +39 040 306201

25 Aquarien mit heimischen und tropischen Fischen sind im Aquarium von Triest zu bewundern. Auch ein kleiner Hai zieht seine Runden. Ein guter Überblick über die Unterwasserwelt.

Im Aquarium von Triest kann man Haie bobachten.

Gedenkstätten

In den Schacht geworfen

Foiba di Basovizza
Basovizza/Bazovica
SS14
Tel. +39 040 365343
www.foibadibasovizza.it

Bis zu 15 000 Menschen sollen unter der kurzen Herrschaft Titos umgebracht und in die Foibe, die berüchtigten Karsthöhlen, geworfen worden sein. In der Foiba von Opicina haben die deutschen Besatzer und die italienischen Faschisten unter der slowenischen Bevölkerung gewütet.

Gedenken an die Gefallenen zur See

Faro della Vittoria (Leuchtturm)
Strada del Friuli 141
Triest
Tel. +39 040 3798538

Der 70 Meter hohe Turm besteht aus weißem Stein. Auf der Laterne thront die geflügelte Nike, am Sockel die Figur eines Marinesoldaten und der Anker des Torpedoschiffs Audace. Außerdem trägt er die Inschrift SPLENDI E RICORDA I CADUTI SUL MARE MCMXV – MCMXVIII (Leuchte und gedenke der Gefallenen zur See – 1915–1918).

2000 Gefallene am österreichisch-ungarischen Soldatenfriedhof von Aurisina

Ort des Grauens

Die Risiera di San Sabba war ein nationalsozialistisches Konzentrationslager in Triest. Bis zu 25 000 Juden, Partisanen, politische Häftlinge und Antifaschisten wurden dort interniert, gefoltert, etwa 5 000 wurden getötet. Die Zellen des Grauens sind heute noch zu besichtigen.

Risiera di San Sabba
Via Giovanni Palatucci 5
Triest
Tel. +39 040 826202
www.risieradisansabba.it

Für die unbekannten Gefallenen

Die Gedenktafel am Eingangsportal in italienischer und deutscher Sprache wurde zu Ehren von 14 550 österreichisch-ungarischen Gefallenen bei den blutigen Isonzoschlachten angebracht. Schlichte Steine weisen auf 2 550 identifizierte Gefallene hin.

Österreichisch-ungarischer Kriegsfriedhof
Strada Statale 305
Fogliano di Redipuglia
Tel. +39 084 489139
www.prolocofogliano diredipuglia.it

Idyllische Ruhestätte

1 000 Kreuze mit je zwei Namen stehen in Reih und Glied, dort, wo sich ein Karstwald auf eine sonnige Doline, eine der typischen Karstsenken, öffnet. Die Namen der zwischen 1915 und 1917 bei den Isonzoschlachten Gefallenen stellen ein anschauliches Abbild der k. u. k. Monarchie dar.

Österreichisch-ungarischer Soldatenfriedhof
Aurisina/Nabrežina

Kirchen

Das „Ding" hoch über Triest

Santuario Monte Grisa
Contovello/Contovel 455
Tel. +39 040 225290
www.montegrisa.org

Die Einheimischen nennen den Betonbau auf dem Monte Grisa bei Triest respektlos „Il formaggino" (der Käse). Die zu Ehren der Muttergottes ab 1963 errichtete Wallfahrtskirche ging auf das Gelöbnis des damaligen Bischofs zurück, eine Kirche erbauen zu lassen, wenn Triest im Zweiten Weltkrieg vor Zerstörung bewahrt werde.

Sehr romantisch neben den Timavo-Quellen: San Giovanni in Tuba.

Frühchristliche Basilika

San Giovanni in Tuba
Strada Statale 14
Duino Aurisina/Devin
Nabrežina
Tel. +39 380 7329414
www.carsocras.eu

Öfter beschädigt und immer wieder aufgebaut wurde die Basilika frühchristlichen Ursprungs nahe den Timavo-Quellen. Auch die Mosaiken aus dem 5. Jahrhundert sind sehenswert.

Am Canal Grande

San Spiridione ist die serbisch-orthodoxe Kirche Triests. Sie wurde zwischen 1861 und 1866 nach dem Entwurf des Architekten Carlo Maciachini erbaut. Hier gibt eine der größten serbisch-orthodoxen Kirchengemeinden Italiens.

Kirche der Dreifaltig-keit und des hl. Spyridon (Santissima Trinità e San Spiridione)
Via Spiridione 9
Triest
Tel. +39 040 631328

Gotteshaus für Griechisch-Orthodoxe

Das sakrale Gebäude an der Uferstraße wurde zwischen 1784 und 1787 errichtet. Mitte des 19. Jahrhunderts bekam es seine klassizistische Fassade durch den Architekten Matteo Pertsch.

San Nicolò dei Greci
Riva III Novembre
Triest
Tel. +39 040

Dem Schutzpatron Justus geweiht

San Giusto ist die Kathedralkirche des Bischofs von Triest mit dem Titel einer Basilica minor. Gewidmet ist sie dem Schutzpatron der Stadt, dem heiligen Justus.

Cattedrale San Giusto
Piazza della Cattredrale 2
Triest
Tel. +39 040 309666

Grotten und magische Orte

Tropfsteinhöhle von Welt

Grotta Gigante
Località Borgo Grotta
Gigante 42/A
Sgonico/Zgonik
Tel. +39 040 327312
www.grottagigante.it

Sie ist eine der größten Tropfsteinhöhlen der Welt. Ihre Ausmaße sind so enorm, dass angeblich sogar der Petersdom darin Platz findet. Eine herrliche Unterwelt mit Stalagmiten und Stalaktiten.

Riesenhaft, die
Grotta Gigante

Ganz private Stalagmiten

Grotta Le Torri di Slivia
Aurisina Cave 62
Duino Aurisina/Devin
Nabrežina
Tel. +39 040 2025022

Die mystische Grotte mit ihren schimmernden Tropfsteinen gilt als eines der Wunder des Triestiner Karsts. Die Höhle besteht aus mehreren Sälen und ist über 200 Stufen erreichbar.

Mithras in der Höhle

Das Mithräum von Duino gilt als eines der ältesten im Okzident. Es ist das einzige in Italien, das sich im Inneren einer Naturhöhle befindet. Mithras war ein Gott indisch-persischen Ursprungs.

**Grotta del Mitreo
(Mithrasgrotte)**
Duino/Devin
Besichtigungen:
Alice Sattolo
Tel. +39 328 9287073
alicesattolo@gmail.com

Die Quellen der Nymphen

Der mystische Karstfluss Timavo entspringt in Slowenien und fließt rund 30 Kilometer unterirdisch. Bei San Giovanni Timavo sprudelt er an die Oberfläche, um dann nach zwei Kilometern ins Meer zu münden.

Bocche del Timavo
Strada Statale 14
San Giovanni del Timavo/
Štivan

Der Sensations-Dinosaurier

Dinosaurier Antonio, als Nachbildung oberhalb des „Pescaturismo" in Villaggio del Pescatore ausgestellt, soll bereits 70 Millionen Jahre am Buckel haben. Gefunden wurde er 2009 als fast komplettes Skelett im örtlichen Steinbruch. Das Original ist im Naturgeschichtemuseum in Triest aufbewahrt.

**Paläontologisches
Gelände von Villaggio
del Pescatore**
Cooperativa Gemina
Villaggio del Pescatore/
Ribiško Naselje
Tel. +39 348 4774712
www.dinosauroantonio.it

Badeanstalten

Beliebter Badestrand von Castelreggio in Sistiana

Die heiteren Bäder

Kleine, versteckte Buchten, lang gezogene Kiesstrände, Privatstrände für Dauermieter. Nette Restaurants, Grillstationen, Eissalons, Liegen, Schirme, Volleyballplätze, Duschen, eine gemütliche Lounge.

Castelreggio und Parco Caravella
Sistiana Mare/Sesljan
Tel. +39 384 0982593
www.baiadisistiana.com

Bei der weißen Dame

Dama Bianca
Duino/Devin
Tel. +39 040 208137
www.alladamabianca.com

Es ist ein kleines, intimes Bad – schon etwas in die Jahre gekommen, aber gemütlich. Liegebetten und Schirme kann man mieten. Der Vorteil: Es sind nur wenige Schritte ins (oben beschriebene) Restaurant.

Strand mit eigenem Restaurant

Um den schmalen Strand beim Fischrestaurant Bellariva in Santa Croce Mare zu erreichen, muss man sich eine steile Straße und viele Treppen hinuntermühen. Nach wenigen Gehminuten erreicht man den Nudistenstrand von Liburnia.

Bellariva
Via Picard Auguste 44
Santa Croce/Križ
Tel. +39 040 224194
www.carsokras.eu

Von Ginsterbüschen gesäumt

Le Ginestre
Marina di Aurisina/Nabrežina
Tel. +39 040 200364
www.ginestre.ts.it

Bevor man den schmalen Kiesstrand von Le Ginestre erreicht, muss man zuerst Eintritt und dann für den Parkplatz bezahlen, hinzu kommt noch die Liegebett-Miete. Dafür hat aber man hübsche Kiesbuchten.

Das „Läusebad"

Es ist vermutlich die einzige Badeanstalt Europas, die streng nach Geschlechtern getrennt ist. Die Triestiner nennen die Institution aus Habsburgerzeiten liebevoll Pedocin, angeblich weil die Soldaten der k. u. k. Monarchie, die hier badeten, oft Läuse hatten. Bemerkenswert: Der Eintrittspreis beträgt einen Euro!

Bagno Lanterna oder „El Pedocin"
Molo Fratelli Bandiera 3
Triest
Tel. +39 040 305922

Naturdenkmäler

Einzigartige Felsformationen

Riserva naturale regionale delle Falesie di Duino
Parco Caravella
Sistiana/Sesljan
Tel. +39 348 0982593
www.falesiediduino.it

Das Naturreservat der Kliffe von Duino umfasst 107 Hektar. Der weiße Kalkstein, den es nur hier gibt, ist von besonderem naturwissenschaftlichen Interesse. Hier nisten noch seltene Falkenarten.

Weiße Pferde und seltene Vögel

Riserva Naturale della Foce dell'Isonzo
Informationszentrum
Isola della Cona
Staranzano
Tel. +39 333 4056800
www.parks.it/
riserva.foce.isonzo

Süßwassersümpfe, Salzwasserfeuchtzonen, Schilf, Wälder, weiße Camargue-Pferde. Das Naturreservat der Isonzomündung ist Lebensraum zahlreicher Tierarten und Zugvögel.

Die Timavo-Quellen sind ein mystischer Ort.

Ein See spielt Verstecken

Der Lago Doberdò ist ein Mysterium – einmal glitzert er dem Besucher entgegen, dann ist er wieder weg. Er ist nämlich eines der seltenen Beispiele eines Karstsees ohne oberirdische Zuflüsse und hat in seinem Umfeld eine spezielle Fauna und Flora.

Riserva Naturale Laghi di Doberdò e Pietrarossa
Doberdò del Lago/
Doberdob
Tel. +39 0431 387111
www.riservanaturale
gradina.com

Im Tal der Oliven

Trekking zwischen Bergen und Schluchten, zwischen Slowenien und Italien. Den steinigen Weg begleiten ein imposanter, 30 Meter hoher Wasserfall, urige Dörfer, Olivenbäume und Ausblicke auf das Meer.

Riserva Naturale Val Rosandra
San Dorligo della Valle/
Dolina
Bagnoli della Rosandra
Tel. +39 040 8326435
www.riservavalrosandra-
glinscica.it

Botanisch lehrreich

Auf einem geführten Rundweg erkundet man die bedeutendsten Pflanzenarten des Karsts. In dem 5 000 Quadratmeter großen Gebiet können mehr als 600 Pflanzenarten bewundert werden.

Giardino Botanico Carsiana
Sgonico/Zgonik
Tel. +39 340569374
www.curiosidinatura.it

Verkehrsmittel

Mit dem Zug

Mit dem Zug rattert man auf historischen Schienen, denn von Udine nach Triest verläuft ein Teil der alten k. u. k. Eisenbahn über eindrucksvolle Viadukte und oft mit Meerblick.
www.trenitalia.com

Mit dem Bus

Die Linien 43 oder 44 führen durch die Karstdörfer und enden an der Piazza Oberdan in Triest. Schneller geht es mit der Linie 51, die bis zum Flughafen Triest in Ronchi dei Legionari fährt.
www.triestetrasporti.it
oder Tel. +39 800016675

Mit dem Schiff

Das Motorschiff Linea Verde schippert gemütlich von Sistiana Mare nach Triest und wieder zurück. Es fährt allerdings nur von Anfang Juni bis Mitte September. Von und nach Muggia ganzjährig.
www.triestetrasporti.it

Mit dem Flugzeug

Der Flughafen Triest bietet interessante und kostengünstige Flugmöglichkeiten nach Rom, Mailand, München, London, Trapani, Barcelona, Tirana, Bari, Neapel und Catania.
www.aeroporto.fvg.it

Mit der Straßenbahn

Die 5,7 Kilometer lange Straßenbahn ist nicht nur eine Verbindung von Triest (Piazza Oberdan) mit Opicina (Obelisk), sondern auch eine besondere Attraktion, weil sie auf den Steigungen zur Standseilbahn wird. Die Tranvia di Opicina wurde erstmals 1902 in Betrieb genommen.
www.turismofvg.it

Einmal Straßen-, dann Standseilbahn, die „Tranvia di Opicina".

Nachwort

„Du weißt, dass ich Slawe, Deutscher, Italiener bin. Von slawischem Blut hab ich eine seltsame Sehnsucht in mir, einen Wunsch nach Neuem, nach verlassenen Wäldern; eine Sentimentalität, die nach Zärtlichkeiten verlangt, nach Freuden; ein endloses Träumen ohne Grenzen. Von deutschem Blut hab ich die eselköpfige Sturheit, den diktatorischen Willen und Ton, die Sicherheit in meinen Plänen, den Unmut, Diskussionen akzeptieren zu müssen, ein Verlangen nach Herrschaft und Kraft. Diese Elemente sind im italienischen Blut verschmolzen, welches sie in Harmonie zu bringen versucht, in Ausgleich, damit ich klassisch werde, gebildet, ein Elfsilber anstatt ein freier Vers."

Scipio Slataper aus „Mein Karst".
1888 in Triest geboren, 1915 bei Görz gefallen.

Bildnachweis

Lokale

Orte

VON TISCH ZU TISCH IN ISTRIEN

Silvia Trippolt-Maderbacher macht mit über 300 Genussadressen Appetit auf die Halbinsel in der nördlichen Adria. Von der Küste bis ins Hinterland, von der einfachen Konoba bis hin zum prämierten, internationalen Gourmettempel führt sie durch das einzigartige Feinschmeckerparadies. Für jeden Gaumen ist etwas dabei, denn Istrien bietet Spezialitäten wie Olivenöl, Weine, Trüffeln, Schinken und Käse im Überfluss.

Spannend: eine Küche zwischen slawischer, römischer, venezianischer und österreichisch-ungarischer Vergangenheit, die sich als eigenständige istrianische Lebenskultur entwickelt hat. Eingebettet in mediterrane Leichtigkeit, türkisfarbenes Meer, romantische Buchten, gemütliche Fischerdörfer, grünes Hinterland und urige Bergdörfer.

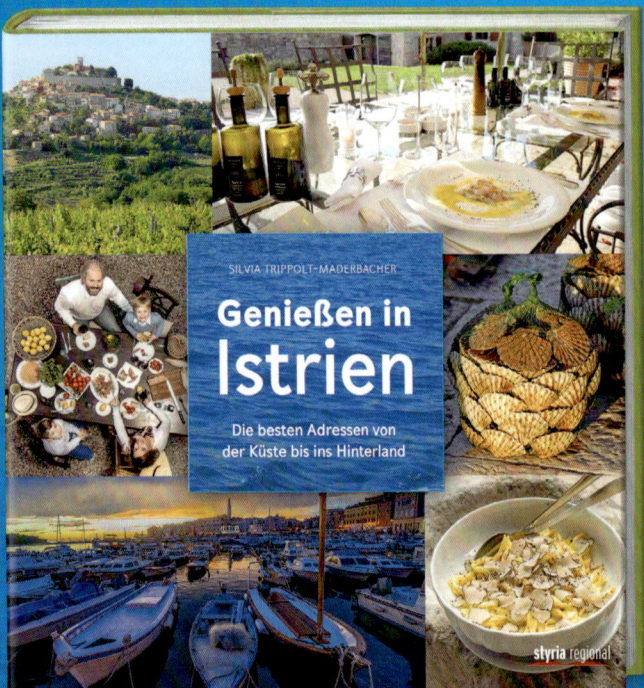

Silvia Trippolt-Maderbacher
GENIESSEN IN ISTRIEN
**Die besten Adressen von der Küste
bis ins Hinterland**

ISBN 978-3-7012-0212-6
192 Seiten | 21 x 21 cm
Hardcover | € 24,90